DE WESTMALSE *ACTA SANCTORUM*

DOCUMENTA LIBRARIA
XXXVII

Guido Hendrix

De Westmalse *Acta Sanctorum*

Provenances van Pauscollege tot Guillaume Joseph De Boey

Met biobibliografie van Seraphinus Lenssen, de "bollandist" van de trappisten

Foto's Gustaaf Janssens

LEUVEN
MAURITS SABBEBIBLIOTHEEK
FACULTEIT GODGELEERDHEID
UITGEVERIJ PEETERS
2011

D/2011/0602/50

ISBN-978-90-429-2181-8

Inhoud

Voorwoord

Vier eeuwen geleden, in 1607, maakte de jezuïet Heribert Rosweyde met zijn bij Plantijn in Antwerpen uitgegeven boekje *Fasti Sanctorum* zijn wetenschappelijke plannen bekend met betrekking tot de oudste documenten over de heiligen van de christelijke oudheid en middeleeuwen. Vier eeuwen *Fasti Sanctorum* werd herdacht met een tentoonstelling 5 oktober 2007 – 30 november 2007 in de Nassaukapel van de Koninklijke Bibliotheek Brussel en de fraaie publikatie *Bollandistes, saints et légendes. Quatre siècles de recherche.*

Heribert Rosweyde SJ wenste een radicale terugkeer naar de bronnen en de tekstgetrouwe, integrale editie van de originele teksten. Zo ontstonden de *Acta Sanctorum*[1]. Jean Bolland SJ gaf aan deze plannen uitvoering: hij publiceerde in 1643 de twee delen over de in januari gevierde heiligen[2]. In 1658 volgden de drie delen voor februari. Tot op heden zijn 68 delen verschenen. Naar Bolland zijn de bollandisten genoemd die de editie van de *Acta Sanctorum* eeuwenlang hebben voortgezet. Hun wetenschappelijke opvolgers, verenigd in de *Société des bollandistes*, het oudste wetenschappelijke genootschap in België, zetten in het Sint-Michielscollege in Brussel het werk voort. Zij geven het internationaal vermaarde tijdschrift *Analecta bollandiana* uit[3].

Godfried Henschenius was de eerste medewerker van Bolland en dus de eerste bollandist. Daniel Papebroch († 1714), beschouwd als de geniaalste bollandist, bracht vierentwintig delen van de *Acta Sanctorum* tot stand. Jaren vóór de zogenaamde *voyages littéraires* van Mabillon en Martène ondernamen Henschenius en Papebroch talrijke reizen in het buitenland[4]. Zij en andere leden van het *Museum bollandianum*[5] bouwden via briefwisseling een internationaal netwerk uit[6]. J.-B. Du Sollier († 1740) was twintig jaar de leider van de onderneming. Op zijn naam staat de uitgave van het *Martyrologium Usuardi*. Aan de vooravond van de Franse Revolutie waren ruim vijftig delen van de pers gekomen, meestal in

[1] GODDING R., *Héribert Rosweyde et les Fasti Sanctorum* in *Bollandistes…*, p. 23-33.
[2] GODDING R., *Jean Bolland et les débuts des Acta Sanctorum* in *Bollandistes…*, p. 35-43.
[3] JOASSART B., *Le bollandisme contemporain* in *Bollandistes…*, p. 145-155.
[4] JOASSART B., *Les voyages scientifiques* in *Bollandistes…*, p. 61-73.
[5] JOASSART B. & GODDING R., *Le Musée bollandien* in *Bollandistes…*, p. 45-51.
[6] JOASSART B., *La correspondance érudite* in *Bollandistes…*, p. 53-58.

Antwerpen, doch ook in Brussel. Zij waren voortreffelijk geïllustreerd[7] en werden aan kerkelijke en wereldlijke hoogwaardigheidsbekleders opgedragen[8]. De officiële opheffing van de jezuïetenorde tegen het einde van het Ancien Régime had vanzelfsprekend zeer zware gevolgen voor de *Acta Sanctorum*[9]. Meer dan vijftig jaar lag de onderneming stil. In 1845 kon P.F.X. De Ram, de eerste rector van de nieuw ingerichte universiteit Leuven, drie jezuïeten overtuigen de voortzetting van de *Acta Sanctorum*, met steun van de Belgische regering, op zich te nemen: Victor De Buck alsook Matagne en Carpentier, twee oriëntalisten die de wetenschappelijke horizonten verruimden. De Smet SJ wilde de werkmethoden moderniseren en zocht inspiratie bij de *Monumenta Germaniae* en de Franse *École des chartes*. Onder meer handschriftencatalogi behoorden voortaan tot hun werkdomein. Hij is ook de stichter van de reeds genoemde *Analecta bollandiana*. Bekende medewerkers zijn Albert Poncelet († 1912), de byzantinist Hippolyte Delehaye (†1941)[10] en Paul Peeters († 1950), een derde oriëntalist[11].

Tijdens de eerste vijfentwintig jaar was het Latijn de enige taal die in de *Acta Sanctorum* gehanteerd werd. Vanaf 1668 werden ook Griekse teksten uitgegeven, met Latijnse vertaling[12]. De eerste uitgave van de *Acta Sanctorum* bestrijkt de jaren 1643 tot 1940. Zij werd onder het toezicht van de bollandisten gedrukt[13]. Daarnaast leidde een privé-initiatief tot een onvolledige uitgave in Venetië, 1734-1770. In de negentiende eeuw (1863-1867) volgde een eveneens onvolledige uitgave in Parijs[14].

***

[7] Joassart B., *Un trésor iconographique méconnu: les gravures des Acta Sanctorum* in *Bollandistes…*, p. 75-91.

[8] Joassart B., *Les dédicaces des volumes des Acta Sanctorum* in *Bollandistes…*, p. 67-70.

[9] Callewier H., *Anti-jezuïtisme in de Zuidelijke Nederlanden (1542-1773)* in *Trajecta* 16, 2007, p. 30-50.

[10] Talar C.J.T., *Discourse on Method: Hippolyte Delehaye's Légendes hagiographiques* in Emery E. & Postlewate L. (Ed.), *Medieval Saints in late nineteenth century French culture. Eight essays*, London 2004; p. 139-159.

[11] Joassart B., *De 1837 à la veille de la Seconde guerre mondiale* in *Bollandistes…*, p. 127-143.

[12] Lequeux X., *Les Acta Sanctorum et le grec* in *Bollandistes…*, p. 59.

[13] Godding R., *L'impression des Acta Sanctorum* in *Bollandistes…*, p. 40-41.

[14] Joassart J., *Les différentes éditions des Acta Sanctorum* in *Bollandistes…*, p. 93-95. – De *Acta Sanctorum* zijn digitaal beschikbaar, Cambridge, ProQuest, Releas 4, 2003.

Bij cisterciënzers en trappisten hebben heiligenlevens, ergo de *Acta Sanctorum*, steeds een belangrijke plaats ingenomen. In de meeste abdijen van de Gewone Observantie en van de Strenge Observantie van Cîteaux, evenwel niet in de jonge stichtingen, is een of andere uitgave van de *Acta Sanctorum* aanwezig. Dat er op dit geestelijk erf ook gewerkt werd is bewezen door het levenswerk van de Tilburgse trappist Seraphinus Lenssen, de "bollandist" van de trappisten. Zijn biobibliografie bied ik in bijlage.

Met het oog op de voortzetting van de *Bibliotheca auctorum traductorum et scriptorum ordinis cisterciensis*[15] heb ik documentatie verzameld voor een geschiedenis van de monastieke provenances van de vóór 1800 gedrukte, in de trappistenabdij Westmalle aanwezige boeken. Naar aanleiding van vierhonderd jaar *Acta Sanctorum* belicht ik hieronder de Westmalse *Acta Sanctorum*. Zij vormen een geheel waarvan bepaalde onderdelen boeiende provenances, om niet te zeggen een eerbiedwaardige pedigree hebben: Collegium Adriani VI Leuven, jezuïetencollege Brugge, recollettenklooster Brussel. Twee redacteuren van de *Acta Sanctorum* boden de Antwerpenaar G. De Boey, weldoener van Westmalle, de twee in 1845 verschenen delen aan. Tussen de trappistenabdijen Scourmont en Westmalle zijn de *Acta Sanctorum* een twistappel geweest.

De tientallen banden van de *Acta Sanctorum,* de veertien banden van de *Magna bibliotheca veterum patrum* van M. de la Bigne, Keulen 1618-1622 en de zevenentwintig delen van de in Lyon verschenen *Bibliotheca maxima* van dezelfde auteur, vormen de achtergrond van de huidige bewaarbibliotheek te Westmalle (afb. 1). Erboven prijkt het schilderijtje met Bonaventura Hermans, de eerste bibliothecaris van Westmalle.

***

De *Acta Sanctorum* zijn ingedeeld in de twaalf maanden van het jaar. De eerste, "echte" uitgave nummert de delen romeins, voor elke maand afzonderlijk. Voorbeeld: januari tomus I tot VII. Het Westmalse exemplaar van de eerste uitgave heeft, naast een schildje met de maand en het tomusnummer van deze maand, op de rug bovendien een stijgend arabisch cijfer, namelijk 1 tot 59. Vanaf oktober tomus 12 ontbreekt deze stijgende nummering.

---

[15] HENDRIX G., *Bibliotheca auctorum, traductorum et scriptorum Ordinis Cisterciensis.* Tomus primus: *Vicariatus Generalis Belgii.* Leuven 1992 (*Instrumenta theologica*, 11).

De Westmalse nummering 1 tot 59 kan geïnspireerd zijn door de tabel die in het deel oktober VII, Brussel 1845 (= nummer 53), p. viii, noot a werd opgenomen. Ze is evenwel niet identiek met deze tabel[16]. In de *Acta Sanctorum*-tabel heeft zich tussen de nummers 12 en 15 een lapsus voorgedaan: de delen II en III van mei ontbreken. In de Westmalse nummering is deze lapsus hersteld. Tomus juni I bestaat uit twee *partes* (beide in 1698 verschenen) die in Westmalle afzonderlijk genummerd werden: 21 en 22, terwijl de twee *partes* van tomus juni I in de tabel van de *Acta Sanctorum* slechts één nummer vormen: 21. De Westmalse nummering is in deze niet consequent. Ook tomus juni VI bestaat uit 2 *partes* (Antwerpen resp. 1715 en 1717), doch deze krijgen nu slechts één nummer: 26 (in de *Acta Sanctorum*-tabel: 25).

Hieronder volgt de Westmalse nummering die in deze schets van de Westmalse provenances van de *Acta Sanctorum* zal gevolgd worden.

1 = januari tomus I, Antwerpen 1643
2 = januari tomus II, Antwerpen 1643

3 = februari tomus I, Antwerpen 1658
4 = februari tomus II, Antwerpen 1658
5 = februari tomus III, Antwerpen 1658

6 = maart tomus I, Antwerpen 1668
7 = maart tomus II, Antwerpen 1668
8 = maart tomus III, Antwerpen 1668

9 = april tomus I Antwerpen 1675
10 = april tomus II, Antwerpen 1675
11 = april tomus III, Antwerpen 1675

12 = mei tomus I, Antwerpen 1680
13 = mei tomus II, Antwerpen 1680
14 = mei tomus III, Antwerpen 1680
15 = mei tomus IV, Antwerpen 1685
16 = mei tomus V, Antwerpen 1685
17 = mei tomus VI, Antwerpen 1688
18 = mei tomus VII, Anwerpen 1688

---

[16] Daarentegen hebben zowel de *Acta Sanctorum*-tabel als de Westmalse nummering aan het *Propylaeum*-deel voor mei het zelfde nummer 19 gegeven.

19 = Propylaeum, Antwerpen 1685-1688.

20 = Juni tomus I, Antwerpen 1695
21 = juni tomus II, pars 1, Antwerpen 1698
22 = juni tomus II, pars 2, Antwerpen 1698
23 = juni tomus III, Antwerpen 1701
24 = juni tomus IV, Antwerpen 1707
25 = juni tomus V, Antwerpen 1709
26 = juni tomus VI, Antwerpen 1715
27 = juni tomus VII, Antwerpen 1717

28 = juli tomus I, Antwerpen 1719
29 = juli tomus II, Antwerpen 1721
30 = juli tomus III, Antwerpen 1723
31 = juli tomus IV, Antwerpen 1725
32 = juli tomus V, Antwerpen 1727
33 = juli tomus VI, Antwerpen 1729
34 = juli tomus VII, Antwerpen 1731

35 = augustus tomus I, Antwerpen 1733
36 = augustus tomus II, Antwerpen 1735
37 = augustus tomus III, Antwerpen 1737
38 = augustus tomus IV, Antwerpen 1739
39 = augustus tomus V, Antwerpen 1741
40 = augustus tomus VI, Antwerpen 1743

41 = september tomus I, Antwerpen 1746
42 = september tomus II, Antwerpen 1748
43 = september tomus III, Antwerpen 1750
44 = september tomus IV, Antwerpen 1753
45 = september tomus V, Antwerpen 1756
46 = september tomus VI, Antwerpen 1757
47 = september tomus VII, Antwerpen 1760
48 = september tomus VIII, Antwerpen 1762

49 = oktober tomus I, Antwerpen 1765
50 = oktober tomus II, Antwerpen 1768
51 = oktober tomus III, Antwerpen 1770
52 = oktober tomus IV, Brussel 1780
53 = oktober tomus V, Brussel 1852 = editio altera cum Auctario

54 = oktober tomus VI, Tongerloo 1794
55 = oktober tomus VII pars prior + pars posterior, Brussel 1845
56 = oktober tomus VIII Brussel 1853
57 = oktober tomus IX, Brussel 1858
58 = oktober tomus X, Brussel 1861
59 = oktober tomus XI, Parijs-Rome 1870

1. Pauscollege Universiteit Leuven

Deel 1 van de Westmalse *Acta Sanctorum* heeft op beide 385 mm hoge platten een 60 × 45 mm groot supra-libros met de woorden *Collegium Adriani VI* (afb. 2).

Adriaan Floriszoon van Utrecht, de latere paus (1459-1523), doceerde van 1490 tot 1515 in Leuven. Uit zijn nalatenschap werd in 1523 het naar hem genoemde College gesticht, een internaat voor theologiestudenten, gelegen aan het hedendaagse Hogeschoolplein. Naast het Atrechtcollege (1508) en het Craendonckcollege (1571) behoorde het tot de "grote colleges". Elk college had wel wat boeken of een bibliotheek, maar hierover is niet erg veel bekend. De statuten van het Pauscollege waren wat de bibliotheek betreft weinig gedetailleerd. De president benoemde een student tot bibliothecaris. Deze moest, tegen een jaarloon van 26 stuivers, de bibliotheek om de twee maand schoonmaken, ervoor zorgen dat de boeken weggesloten waren, driemaal per jaar nagaan of alle boeken nog aanwezig en onbeschadigd waren. Een reglement voor de lezer ontbrak. Ontleningen gebeurden mits toestemming van de president. Tot in 1569 werden de bibliotheekrekeningen in de rekeningen van de procurator genoteerd. In de periode 1523-1569 werden vele klassieke theologische werken gekocht, basiswerken die niet mochten ontbreken in een theologische bibliotheek. Na 1569 is niets meer bekend over de inhoud van de boekencollectie, tenzij via de talrijke boekenlegaten ten voordele van de bibliotheek van het Pauscollege[17]. Ook na de oprichting van een centrale bibliotheek in 1636 bleven de collegebibliotheken bestaan[18].

Op de Adrianus VI-herdenkingstentoonstelling van 1959[19] waren geen boekbanden met Adrianus VI-stempel aanwezig. De huidige Maurits Sabbebibliotheek van de theologische faculteit Leuven bezit slechts één

---

[17] WAUTERS L., *Bibliotheken van de colleges en de pedagogieën aan de Oude Universiteit Leuven (vijftiende-achttiende eeuw).* onuitgegeven lic.verhandeling Geschiedenis, KU Leuven 1989; p. 120.

[18] COPPENS C., DEREZ M., ROEGIERS J., *Universiteitsbibliotheek Leuven 1425-2000*, Leuven 2005; p. 12. Engelse editie: *Leuven University Library 1425-2000*, Leuven 2005; p. 12.

[19] *Herdenkingstentoonstelling Paus Adrianus VI*, Leuven 1959. – *Adrien VI, le premier pape de la Contre-Réforme*, Leuven 1959.

band met hetzelfde supra-libros. Het komt voor op deel 2 van de in 1670 in Keulen gedrukte *Tractatus speciales, de controversiis fidei* van A. & E. de Walenburch[20]. De band is afkomstig uit het Groot Seminarie in Mechelen[21].

[20] Gedrukt door J.W. Friessem 1670. Maurits Sabbebibliotheek 239.91/F° Wale trac/2.

[21] Op het schutblad van dit exemplaar: *Ex munificentia Reverendi Domini Michaelis Van der Sterre pastoris in Uijtgeest oriundi ex Delpht Quondam huius Collegii alumni.*

2. Jezuïetencollege in Brugge

De provenance van het in 1668 verschenen deel 8 luidt in de bovenrand van de titelpagina (afb. 3) *Collegium Societatis Jesu Brugge 1668*, een college dat in vergelijking met bijvoorbeeld Antwerpen en Brussel nooit een groot college is geweest[22]. In 1668 was Carolus de Breuil er rector[23].

Paus Clemens VIII heeft Jan Baptist Croquet in 1594 begiftigd met de 31ste prebende van Sint-Donaat in Brugge. Op 7 juni 1595 werd Croquet aldaar kanunnik. Op 2 mei 1639 vestigde hij het *Officium Pietatis*, waaraan hij een jaarrente van 86 pond verbond, bestemd voor onder meer bibliotheken. Vanaf 1640 werd op zijn naamfeest aan de jezuïeten 8 pond 6 schell. uitgekeerd. De geschoeide en de ongeschoeide karmelieten, de recolletten, de kapucijnen, de dominicanen en de augustijner eremieten kregen op sint-Jansdag elk ruim 4 pond. Aan de gift waren twee voorwaarden verbonden: met het bedrag moesten boeken aangekocht worden en die boeken moesten groot genoeg zijn om het wapen van Croquet te kunnen dragen: drie sterren, een Andreaskruis en het devies *Progredere* (afb. 4)[24]. Elk van de begunstigde kloosters moest zelf instaan voor het aanbrengen van het supra-libros. Dit verklaart verschillen in de afmetingen en in de omkadering[25]. De stempels uit het jezuïetencollege vertonen het IHS-monogram. Om puntjes op i'tjes te zetten: het Westmalse exemplaar heeft onder de letters RE van *Progredere* één puntje of bolletje, de *Collectio controversi*, eveneens uit het Brugse jezuïetencollege, 1721-1727, bewaard in de Bibliotheek der Bollandisten, 1068 II, heeft er twee[26].

---

[22] Brouwers L., *De Jezuïeten te Brugge 1570-1773, 1840 tot heden*, Mechelen 1986 (pro ms.); p. 177.

[23] Brouwers L., *De Jezuïeten te Brugge…*, p. 395.

[24] Heraldieke beschrijving: D'azur à trois étoiles à six rais rangées en chef au sautoir alésé en pointe, le tout d'or. Dans un listel: PROGREDERE. – Viconte de Jonghe d'Ardoye, Havenith J. & Dansaert G., *Armorial belge du bibliophile*, z.pl. 1830; deel 1 p. 179.

[25] Zie de afbeeldingen I-III bij Viconte de Jonghe d'Ardoye, Havenith J. & Dansaert G., *Armorial belge du bibliophile*, deel 1 p. 179-180.

[26] Viconte de Jonghe d'Ardoye…, *Armorial belge…*, afb. II op p. 179.

3. De minderbroeders recolletten in Brussel[27]

Omstreeks 1227 zijn de eerste minderbroeders in Brussel aangekomen. De hertogen van Brabant beschermden hen en zij genoten de genegenheid van de inwoners van de stad. Zij verzorgden de predicatie in verschillende kerken, beleefden in wisselende mate hun armoede-ideaal en deelden in de opeenvolgende beproevingen van de regio als bijv. de pest in 1489 en de inval der Geuzen in 1579. Op 15 juni 1579 werden het klooster, de kerk[28], de bibliotheek en het archief door de beeldenstormers vernield. Tijdens de nieuwe pestjaren 1625, 1651 en 1667-1669 deden de minderbroeders dienst als pestpastoren: zij stonden, op gevaar voor het eigen leven, de pestlijders bij en dienden de laatste Sacramenten toe[29].

Na de pestjaren volgde het oorlogsgeweld. Het bombardement van Brussel door Villeroy, maarschalk van Lodewijk XIV, van 13 tot 15 augustus 1695 had rampzalige gevolgen voor het archief en de kerk van de minderbroeders[30]. Er zijn evenwel geen minderbroeders slachtoffer geworden[31].

Naar aanleiding van het bombardement van 1695 verhaalt de franciscanenhistoricus Archangelus Houbaert wat binnen zijn orde overgeleverd

---

[27] Bij de aanvang van dit onderdeel kan enige terminologische toelichting nuttig zijn. Ik steun op GOOSSENS M., *De belangrijkste bestuursfuncties in de Nederlandse Minderbroedersprovincie tijdens het laatste kwartaal der achttiende eeuw* in *Bijdragen voor de geschiedenis van de Provincie der Minderbroeders in de Nederlanden* [hierna *Bijdragen GPMBN*] bundel 19, 1955, p. 57-65 (de bundels zijn geen echte jaargangen; er kunnen verscheidene bundels per jaar zijn, of een bundel kan verscheidene jaren bestrijken): gardiaan = overste van een klooster of statie; werd aangesteld voor driejarige ambtsvervulling; gardiaan emeritus: twaalf jaar met ere gardiaan geweest; definitor bij voorkeur gekozen uit de actuele gardiaans, onverenigbaarheid van ambten van definitor en gardiaan; vicarius der diverse kloosters werd door het provinciebestuur benoemd.

[28] Reeds in 1585 bouwden de franciskanen een nieuwe kerk, de tweede in hun geschiedenis. VAN RUYSEVELT S., *De Franciskaanse kerken. De stichtingen van de dertiende eeuw. VII: Brussel* in *Franciscana* 26, 1971, p. 29-42.

[29] CHARLIER J., *La peste à Bruxelles de 1667 à 1669 et ses conséquences démographiques*, Brussel 1969 (*Pro Civitate. Collection histoire*, 20).

[30] Hun derde kerk werd spoedig na het bombardement, in 1697, opgetrokken. VAN RUYSEVELT S., *De Franciskaanse kerken…*

[31] VERJANS M. OFM, *Obituarium van het Minderbroedersklooster te Brussel (1534-1774)* in *Bijdragen GPMN* bundel 7, 1951, p. 86-105; noemt p. 97 geen OFM-slachtoffers.

wordt: de gardiaan liet boeken, handschriften en archivalia naar een brandvrije kelder brengen, maar die maatregel bleek onvoldoende. Het klooster met het volledige archief en de bibliotheek gingen in de vlammen op. Alle handschriften en kostbare boeken waren onherroepelijk verloren[32].

Dit is in strijd met de in 1958 gepubliceerde mening van zijn ordegenoot M. Goossens[33] die zelf op het werk van de minderbroeder Rumoldus van den Male, tijdgenoot van het bombardement, steunde.

Zoals bekend is Antonius Sanderus (1586-1664) de auteur van *Flandria illustrata* (*Verheerlijkt Vlaanderen*) en van *Chorographia sacra Brabantiae*. Deze geschiedenis van Brabantse abdijen en kloosters is in Brussel 1659-1669 verschenen, bijna een halve eeuw vóór het bombardement van Brussel. Rumoldus van den Male OFM heeft in 1724 alvast voor zijn orde een aanvulling bij Sanderus' *Chorographia* geschreven. Zij is opgenomen in de in 1727 verschenen Haagse uitgave *Chorographia sacra conventus Bruxellensis PP. Minorum*, deel III p. 53-121. Over het bombardement: *Ruina conventus Bruxellensis FF. Minorum sub Bombardatione urbis anno 1695*, deel III p. 100-101. Rumoldus van den Male verhaalt dat de boeken uit voorzorg in een kelder werden ondergebracht en geeft enkele bijzonderheden die bij M. Goossens, minderbroeder-bibliotheekhistoricus, tot de veronderstelling hebben geleid, "dat de bibliotheek bij de beide verwoestingen *minstens gedeeltelijk gespaard* is gebleven, hetgeen te meer merkwaardig zou zijn, omdat in het jaar 1695 de archivalia der Provincie in Brussel verbrand zijn"[34].

A. Houbaert haalt F.J. Stucker, een ooggetuige, aan. Deze schreef op 18 augustus 1695 "'t Is niet beschrijffelyck de ruine die men voor ogen siet, van 't minderbroers Clooster ende Kerk siet men geen vestigia als van de bibliotheeq nu onlanx eerst gebouwt"[35]. Mijn interpretatie van deze zin wijkt af van wat Houbaert erin gelezen heeft. Ik lees "van klooster en kerk ziet men geen andere vestigia (sporen) meer dan de pas onlangs gebouwde bibliotheek".

---

[32] HOUBAERT A., *Minderbroederskloosters in de Zuidelijke Nederlanden. Kloosterlexicon. 13. Brussel* in *Franciscana. Bijdragen tot de geschiedenis van de minderbroeders in de Nederlanden* 34, 1979, p. 61-70; p. 67-68.

[33] GOOSSENS M., *Enkele historische notities over de kloosterbibliotheken in de Germania inferior* in *Bijdragen GPMN* bundel 27, 1958, p. 329-347.

[34] GOOSSENS M., *Enkele historische notities...*, p. 332-333; cursivering door mij G.H.

[35] HOUBAERT A., *Minderbroederskloosters...*, p. 68.

Hoe dit ook zij, niet minder dan zeventien delen van de Westmalse *Acta Sanctorum* zijn nu nog het bewijs dat ze het bombardement van Brussel "overleefd" hebben. Deze boeken zijn tussen 1643 en 1695 verschenen en dragen, afgezien van enkele delen die helemaal geen bezitterformules hebben[36], provenanceformules die weinig variatie vertonen. In de delen 2 tot 7 bijvoorbeeld (afb. 5 & 6): *Bibliotheca Fratrum Minorum Recollectorum Conventus Bruxellensis*[37]. De provenances van andere delen verdienen toegelicht te worden.

Over een griffier en een missionaris

De delen 9 tot 11 hebben niet alleen de woorden *Bibliothecae fratrum Minorum Recollectorum Conventus Bruxellensis,* doch bovendien de mededeling *Dono dedit Consultiss. Dnus D. Albertus van Ghindertaelen Graphiarius Concilii Brabantiae A° 1679.*

De Raad van Brabant was het hoogste rechtscollege in het hertogdom Brabant. Vanaf 1576 trad de griffier van de Raad van Brabant ook op als griffier van de Staten-Generaal van de Nederlanden in Brussel. Een niet geringe functie...[38]

Had griffier Albertus van Ghindertaelen van de Raad van Brabant een bijzondere aanleiding om boeken aan het minderbroedersklooster in Brussel te schenken? Ik vermoed dat een naamgenoot, Franciscus van Ghindertaelen / Ghindertalen OFM, aanleiding tot de schenking was.

Franciscus van Ghindertaelen is in 1606 in Brussel geboren. Na zijn professie in 1626 en zijn priesterwijding in 1629 was hij meerdere malen gardiaan[39]. Bijna veertig jaar was hij missionaris in Leeuwarden, in het Land van de Martelaren van Gorkum[40]. Als jubilaris keerde hij naar zijn

---

[36] In de delen 38-39, 49 en 52 komen geen bezitterformules voor. In deel 40 is een formule onleesbaar doorgehaald.

[37] In deel 3 is deze formule weliswaar doorgehaald, maar zij blijft getuigen.

[38] Na 1591 groeide het onderscheid tussen de in Brussel gevestigde "Soevereine" Raad van Brabant en de "Staatse" Raad van Brabant in Den Haag.

[39] SLOOTS C., *Obituarium van het Minderbroedersklooster te Brussel (1534-1774). Biografische aantekeningen* in *Bijdragen GPMBN,* eerste deel in bundel 11, 1959-1960, p. 207-232; tweede deel in bundel 11, 1959-1960, p. 350-366; derde deel in bundel 12, 1960-1961, p. 32-50. Over Franciscus van Ghindertaelen deel 2 p. 351.

[40] De Leuvense hoogleraar Nicolaas Vernaulaeus (1583-1649) schreef voor de studenten van *Het Vercken* in 1609 een toneelstuk over de Gorcumse martelaren, dat in 1610 werd gepubliceerd. VERMASEREN B.A., *Een onbekend drama over de H.H. Martelaren van Gorcum* in *Bijdragen voor de GPMBN* bundel 7, 1951, p. 25-38.

geboortestad en klooster van professie terug. Wegens interne moeilijkheden – men kon niet onmiddellijk een plaatsvervanger vinden[41] – kan die terugkeer niet preciezer bepaald worden dan eind 1678, begin 1679[42]. Hij is op 29 maart 1693 overleden[43].

Aan deze missionaris is in de *continuatio* bij Sanderus' *Chorographia* deze passus gewijd:

> Alio rursus laudis genere memorabilis est A.V.P. Franciscus Ginderthaelen, qui octoginta septem annis, quibus inter potentatus mortali corpore vixit sexaginta sex Religioni, triginta novem impendit Apostolicis missionibus, *Leovardiae* in Frisia potissime.
>
> Vix credibile est, quo zelo laboraverit vir Deo plenus, ut animas aut Christo pararet, aut partas conservaret: indicibile, quas aerumnas voluntarie sustinuerit eadem de causa durissimis temporibus. Quibus tandem cedens prae senio, non pro animi voto, caecitate ante mortem superveniente & exemplariter tolerata, purgatus quasi per ignem, poenibilem vitam cum felici morte commutasse creditur ex non vanis sanctitatis indiciis, Bruxellis in patrio solo die 29. Martii anno 1693[44].

Voor griffier Albertus kan de terugkeer van minderbroeder-missionaris Franciscus een voldoende aanleiding geweest zijn om de drie in 1675 van de pers gekomen delen van de *Acta Sanctorum* te schenken. De chronologische en de geografische nabijheid van donor en receptor suggereren een verwantschap tussen de griffier en de minderbroeder die ik niet heb kunnen achterhalen.

---

[41] VAN HEEL D., *De martelaren van Gorkum* in *Neerlandia seraphica* 8, 1933, p. 48-53; p. 53 uit een brief van J. Neercassel aan P. Aegidius Morgatius, de Superior van de Missie, 21 september 1676: Adm. Rdo. Patri Ghindertalen post dignos in missione labores promeritam quietem ex animo apprecor; verum non meae est facultatis missionariorum numerum augere; ne tamen illi necessarium deest auxilium, scribam ad Archipresbyterum Leovardiensem, ut praefati Patris senectutem sua opera paratus sit sublevare. Porro me sacrificiis vestris ac precibus commendas maneo etc.

[42] Hij komt niet voor bij BRUNA E. OFM, *De Missie van de Minderbroeders in Friesland in de 17e eeuw* in *Bijdragen GPMN* bundel 5, 1948, p. 326-355.

[43] VERJANS M. OFM, *Obituarium van het Minderbroedersklooster te Brussel (1534-1774)* in *Bijdragen GPMN* bundel 7, 1951, p. 86-105; p. 97 nr 290: V.A.P. F. Franciscus van Gindertael, dikwijls gardiaan, missionaris en jubilaris.

[44] SANDERUS A. / VAN DEN MALE R., *Chorographia...*, editie Den Haag 1727, deel III p. 118. Na deze aparte laudatio komt Franciscus begrijpelijker wijze niet meer voor in paragraaf III: *De viris insignibus, qui in Conventu Bruxellensi FF. Minorum Sanctitate & doctrina floruerunt ab anno 1662. usque ad annum 1700*, deel III p. 115.

Balthazar Peeters Guardianus

In de delen 12 tot 19 is de gebruikelijke bezitterformule *Bibliothecae Fratrum Minorum Recollectorum Bruxellensis*[45] uitgebreid met een vorm van het werkwoord *adiungere*. Bij de vorm *adiunctus* in de delen 16 tot 18 veronderstel ik *tomus* als onderwerp en een door een voorzetsel ingeleide handelende persoon. De vorm *adiunxit* in de delen 12 tot 15 en 19 heeft steeds dezelfde met naam genoemde persoon als onderwerp; geregeld is ook zijn monastieke rang vermeld. Ik geef twee voorbeelden voluit.

Adiunctus Bibliothecae F.F. Minorum Recollectorum Bruxellens. per V.A.P.[46]
F. Balthazar Peeters Guardianus 1692

Bibliothecae Fratrum Minorum Recollectorum Bruxell. adjunxit V.A.P. F. Balthasar Peeters Provinciae definitor 15. April 1695.

Met de bezitterformule *de dato* 15 april 1695 zijn we aan de vooravond van het bombardement op Brussel met de hierboven geschetste gevolgen.

De monastieke loopbaan van Balthasar Peeters (Leuven 1642 – Brussel 26 februari 1710) is gedetailleerd bekend. Onder meer was hij driewerf gardiaan in Brussel[47] wat in deze relevant is. Zijn naam komt tevens voor in een wellicht minder bekende episode met Leuvense connecties; de passus deel ik volledigheidshalve mee[48].

---

[45] Vergeleken bij vorige delen ontbreekt het woord *Conventus*, doch dit is niet essentieel.

[46] V.A.P.: Venerabilis admodum Pater…

[47] Professie 1670, priesterwijding Antwerpen 11 juni 1672, gardiaan Brussel 1684, 1690, 1696, definitor 1690, visitator Prov. Saxoniae et Thuringiae. SLOOTS C., *Obituarium van het Minderbroedersklooster…*, deel 3 p. 36.

[48] Concilium Brabantinum hasce theses addixerat fiscum, verum 1 Junii ejusdem anni Belgii gubernator Marchio de Castagna levari jussit interdictum et theses patribus restitutas qua deceret libertate, publice defendi. Interim 13 Junii 1691 Concilium Brabantiae mandato regio consultationem opposuit, at in vanum, nam die 21 Febr. 1692 Carolus Hispaniae rex decrevit prohibitionem per Concilium Brabantiae factam, sine delatione revocari et patribus thesium exemplaria per fiscum ablata restitui debere. Eodem igitur anno 1692 20 Maii D. de Hamptines procurator generalis praefatas theses in manus R.P. Balthasaris Peeters, conventus Bruxellensis guardiani deposuit et inde postridie Lovanium relatae, 24 ejusdem mensis 10 circiter mensibus post confiscationem maximo concursu et applausu publice sunt defensae. VAN HEEL D., *Theologische en philosophische theses gedurende de 17e en 18e eeuw verdedigd in verschillende kloosters van de Nederduitse Minderbroedersprovincie* in *Neerlandia seraphica* 11, 1937, p. 327-330; p. 329.

Op deze plaats is het nuttig te vermelden dat de Provinciale Statuten van 1672 vermelden "Aan de gardiaans wordt opgedragen, voor de noodzakelijke *aanvullingen* [versta *aanwinsten*] van de bibliotheek te zorgen". Om de voorschriften betreffende de bibliotheken (*De libris et Bibliotheca*) het volle recht te doen wedervaren, legde het Provinciaal Kapittel van Leuven in 1678 de gardiaans op, om het ambt van bibliothecaris te geven aan een ijverige pater, die belangstelling heeft voor de studie, die er voor waken zal, dat alle geldende bepalingen worden onderhouden en die de overtreders bij zijn overste zal melden[49].

Nu voor zeventien in de 17de eeuw gedrukte delen van de huidige Westmalse *Acta Sanctorum* is aangetoond dat ze vóór het bombardement van Brussel bij de minderbroeders aanwezig waren en heden zijn bewaard, kan ik de in de 18de eeuw gedrukte delen (die dus nooit door het bombardement bedreigd werden) voorstellen.

Joannes van Male presbyter

In de delen 20 tot 23 komt op de titelpagina[50] de formule *Biblioth. FF Minorum Recoll. Bruxell.* voor. De delen 24 tot en met 37 hebben gemeen dat bezitterformules op drie verschillende plaatsen (binnenzijde voorplat, Franse titel en titelpagina) kunnen voorkomen en in dezelfde band meestal op meer dan één van deze drie plaatsen. Deze grote bezorgdheid om het boekenbezit hoeft niet gedetailleerd meegedeeld te worden. Overigens zijn elementen ervan soms onleesbaar geworden: het ten tijde van archivaris-bibliothecaris J.B. Van Damme ingekleefde exlibris van Westmalle onttrekt ze aan het oog[51].

Belangwekkend is de schenkingsformule in de delen 24 tot 27: *Ex Eleemosyna legata a Reverendo Admodum et Praenobili Domino D. Joanne van Male presbytero* (afb. 7). De mededeling over de schenking bevat geen geografische informatie, zodat het niet verboden is Joannes van Male buiten het genoemde diocees te zoeken. Zo kwam ik terecht bij Joannes Petrus van Male, in 1669 in Brugge geboren, op 5 december 1735 te Vladsloo overleden, die luidens zijn grafzerk *brugensis, clarus pastor ac historiographus* is geweest. De gedichten in zijn *Gheestigheden der Vlaemsche*

---

[49] GOOSSENS M. OFM, *Enkele historische notities…*, p. 331.

[50] De titelpagina van deel 22 ontbreekt, zodat de bezitterformule op de Franse titel is vermeld.

[51] Dit is het geval in de delen 33 tot 36.

rhijmconst schetsen "het getrouwe schaduwbeeld van al hetgeen toen deze gewesten hebben moeten onderstaen"[52]. Over het einde van de 17de eeuw dicht hij:

> O Vlaendren! nu niet meer 't juweel der Nederlanden:
> Wat gruwelijck tempeest, wat schrickelijck gewelt
> Verdelght u, daer men siet ghewijde kercken branden
> Heel 't landt verdorven, en de steden neergevelt…

Het leek bij een eerste benadering niet uitgesloten dat Joannes Petrus van Male met deze tonelen voor ogen uit medelijden vier delen van de *Acta Sanctorum* heeft geschonken aan de door het oorlogsgeweld getroffen recolletten in Brussel. De oplossing ligt evenwel veel dichter bij Brussel, voorwaar letterlijk in het minderbroedersklooster zelf.

De reeds genoemde *continuator* van Sanderus' *Chorographia sacra Brabantiae* heeft deze passus:

> Altare in hoc oratorio[53] erectum est ex Eleemosyna larga testamento a se legato Praenobilis ac Reverendi D. Joannis Baptistae van Male integerrimae vitae sacerdotis, sepulti anno 1721 in choro fratrum, quorum humilitatem & paupertatem pro status sui convenientia & amabat & sectabatur[54].

Joannis Botterweck

Op de reeds gesignaleerde formule *Bibliothecae Conventus Bruxellensis adjunctus est* volgen in verscheidene delen de woorden *cura et sollicitudine* met genitief. Vanaf deel 25 ontmoet ik een nieuwe naam die tot in het 37ste deel zal meegaan: *cura et sollicitudine V.A. Patris F. Joannis Botterweck.* Monastieke functies zijn in de bezitterformules niet meegedeeld, maar

---

[52] BLOMMAERT PH., *Joannes Petrus van Male, geboren te Brugge, 1669, overleden te Vladsloo, 1735* in *Belgisch Museum voor de Nederduitsche tael- en letterkunde en de geschiedenis des vaderlands* [onder redactie van J. Fr. Willems], deel 2, 1838, p. 174-191; p. 174.

[53] Bedoeld is paragraaf II: *Templi Bruxellensis FF. Minorum consecratio, Altaria, ornatus,* Sanderus, *continuatio* deel III p. 106-107.

[54] *Continuatio* bij Sanderus deel III p. 107. Joannes van Male komt bijgevolg niet voor in paragraaf IV: *De Fratrum benefactoribus & sepulturis apud eosdem,* p. 108-109.

's mans leven is geschetst. Vanaf 1735 was hij in het Brusselse recollettenklooster tweewerf gardiaan (1726 en 1732), archivaris en vanaf 1738 *chronologus et archivista Provinciae*[55].

Christianus Walravens

Met de delen 41 tot 45 is de naam van gardiaan Christianus Walravens verbonden († 1760)[56]. Hem danken we informatie over het aankopen en het inbinden van vijf delen (afb. 8).

> Cura et sollicitudine A.V.P. Fr. Christiani Walravens huius conventus guardiani accessit[57] hic tomus Bibliothecae Fratrum Minorum Recollectorum Bruxellensium. Pro hoc tomo in albis[58] soluti sunt quinque Patacones[59], pro compactione autem quinque solidi cum dimidio. Pro hoc igitur et quatuor sequentibus tomis dati sunt viginti octo Patacones, et tres solidi cum dimidio.

Quatuor sequentibus tomis slaat op de delen 42 tot en met 45. In de delen 41, 43 tot 45 komen op de titelpagina de woorden *Bibliotheca Fratrum Minorum Recollectorum Bruxellensium*, alsook het jaar van verwerving voor. Hierna eerst publikatiejaar, vervolgens verwerving:
41: 1736 / 1736
42: 1748 / –
43: 1750 / 1756
44: 1753 / 1756
45: 1755 / 1756.

---

[55] SLOOTS C., *Obituarium van het Minderbroedersklooster…*, deel 1 p. 218: Joannes Botterweck (Botterweeck, Botterweg, Botterwijck), ° Heinsberg (op tegenwoordig Duits grondgebied) in 1676 of 1677, professie 1696 te Erkelenz (op tegenwoordig Duits grondgebied), priesterwijding 1699 of 1700, lector S. Theol. et instructor juvenum 1708, gardiaan Turnhout 1716-1719, Brussel 1726 en 1732, definitor Provinciae 1719 en 1735, † Brussel 30 november 1741.

[56] SLOOTS C., *Obituarium van het Minderbroedersklooster…*, deel 3 p. 49: in 1722 priester gewijd, gardiaan in Heinsberg 1734-37, Tongeren 1741-1744, Brussel 1747-1750, 1753-1756, 1759, definitor 1750 en 1756.

[57] *Adiunctus* of *adiunxit* dus vervangen door *[tomus] accessit*.

[58] *in albis*: de naakte katernen.

[59] In de 17de eeuw het grootste zilveren muntstuk.

Joannes Van der Hoeven / Joannis Van Hoebroeck

Deel 46 heeft de mededeling *Bibliotheca Fratrum Minorum Recollectorum Bruxellis. 1762.* In de delen 49 en 52 ontbreekt alle informatie over vroegere bezitters. Over de tussenliggende delen is deze informatie beschikbaar:

delen 47 en 48: *V.A.P. Joannes Van der Hoeven*[60] *S.T.L.*[61] *ac Guardianus adjunxit Bibliothecae Fratrum Minorum Recollectorum Bruxellis 1762*;

deel 50: *Cura et sollicitudine V.A.P. Joannis Van Hoebroeck*[62] *S.T.L. ac Guardiani emeriti et actualis hujus Conventus accessit Bibliothecae FF. Min. Recollect. Bruxellis 1768*[63].

deel 51: *Cura et sollicitudine V.A.P. Joannis Van der Hoeven S.Th.L. ac hujus Conventus Guardiani accessit Bibliothecae FF. Min. Recollec. Bruxellis 1768.*

De vier in het decennium 1760-1770 verschenen delen van de *Acta Sanctorum* vertonen qua provenanceformules dus geen aaneensluitende reeks: twee gardianen zijn vermeld, wier namen enige gelijkenis vertonen. Aanvankelijk dacht ik dat hier een *lapsus calami* in het spel was en dat het om slechts één persoon ging. De afwisseling van namen heeft evenwel te

---

[60] SLOOTS C., *Obituarium van het Minderbroedersklooster…*, deel 3 p. 46: Van der Hoeven Joannes, ° Aalst 1703, professie 1722, priesterwijding 1726, lector fil. Diest, lector theol. Brussel, gardiaan Megen 1740-1741, biechtvader Clarissen Mechelen 1741-1744, gardiaan Turnhout, gardiaan Brussel 1761-62, 70-71, 67-70, definitor Provinciae 1771, † Brussel 11 april 1780.

[61] S.T.L. = Sacrae theologiae lector (en niet licentiatus). GOOSSENS M. OFM, *Studie en opleiding in de Germania inferior vooral gedurende het laatste kwartaal der XVIIIᵉ eeuw* in *Bijdragen GPMBN* bundel 19, 1955, p. 226-256. p. 226: Instructor Fratrum Studiorum et laicorum; lector filosofie steeds jonge paters, promotie tot lector theologiae; de beste van de lectores theologiae werd lector S. Scripturae; p. 228: in de conventen Brussel en Mechelen vanaf 1777 voorstel Studium S. Theologiae Dogmatico-Scholasticae te vervangen door Studium Theologiae Dogmatico-moralis.

[62] SLOOTS C., *Obituarium van het Minderbroedersklooster…*, deel 2 p. 355: Van Hoebroeck Joannes ° Tienen 1704, professie 1724, priester 1728 † Brussel 5 april 1769. Lector fil. Diest 1734, lector theol. Roermond 1734-43, gardiaan Weert 1743, Turnhout 1747, Herentals 1752, Leuven 1762, Brussel 1768-1770, telkens 3 jaar; Custos Provinciae 1765.

[63] Op de Franse titel nogmaals *Bibliotheca Conventus PP. Recollectorum Bruxellis.*

maken met het "gewone verschijnsel, dat twee gardiaans elkaar achtereen-
volgens afwisselen in het bestuur van eenzelfde klooster"[64].

De vaststelling dat twee in het vermelde decennium verschenen delen
daarentegen helemaal geen bezitterformule hebben, kan wellicht te maken
hebben met de verwerving van de banden tijdens het *interregnum* tussen
de opeenvolgende gardiaans.

---

[64] GOOSSENS M. OFM, *De belangrijkste bestuursfuncties…*, p. 62.

4. De delen 52 tot 54

In 1783 werden alle contemplatieve orden, die als onnuttig voor de gemeenschap werden beschouwd, door keizer Jozef II opgeheven. De recolletten mochten evenwel hun predicatie en onderwijs voortzetten. Tijdens de Franse Revolutie weigerden zij de eed. Dat werd hen fataal: op 29 oktober 1796 werden zij uit hun klooster verdreven[65].

Deel 52 van de Westmalse *Acta Sanctorum*, gedrukt in het nog relatief rustige jaar 1780, draagt op voorplat, Franse titel noch op titelpagina enig *provenance*spoor. Dit geldt ook voor deel 54, het laatste deel dat in de 18e eeuw verschenen is en dat een halve eeuw op zijn vervolgdeel zal moeten wachten. Het is tevens het enige deel van de *Acta Sanctorum* dat bij de premonstratenzers van Tongerlo is tot stand gekomen[66]. Godfried Hermans, de prelaat van Tongerlo, had de bibliotheek van de bollandisten aangekocht en stelde zes van zijn bekwaamste norbertijnen ter beschikking om met de overgebleven bollandisten de *Acta Sanctorum* voort te zetten. "Dank zij deze medewerkers werd het een Kempisch werk"[67].

Evenals alle vorige 51 delen – inclusief de Adrianus VI-band en de Jan Baptist Croquet-band – hebben ze een door zeven ribben ingedeelde rug. Op het tweede veld ervan op rood leder de verguld gedrukte titel *Acta Sanctorum bollandiana* gevolgd door arabische nummering (afb. 9). Voorts hebben alle delen een olijfgroen etiket met een gedrukte mededeling qua maand en tomus. Beide reeksen etiketten vormen hét bewijs dat ze ooit aan één en dezelfde bezitter hebben toebehoord, ook al kunnen voor twee banden voorafgaande bezitters (Collegium Adriani VI[i], Collegium Societas Jesu Brug.) aangewezen worden. Het recollettenklooster in Brussel is deze éne bezitter.

Dat er zich in de anderhalve eeuw tussen deel 2 van 1643 en deel 54 van 1794 bij het inbinden varianten[68] hebben voorgedaan, is geen indicatie

---

[65] HOUBAERT A., *Minderbroederskloosters…*, p. 68-69.

[66] LAMY H., *L'œuvre des bollandistes à l'abbaye de Tongerloo*, Tongerloo 1925. – JOASSART B., *L'abbé Godefroid Hermans et l'oeuvre des Bollandistes à Tongerlo (1789-1796)* in DAUZET D.-M. & PLOUVIER M. (Ed.), *Abbatiat et abbés dans l'ordre de Prémontré*. Turnhout 2005 (*Bibliotheca victorina*, 17); p. 213-238.

[67] JANSEN J.E., *Turnhout en de Kempen*, Turnhout 1946; p. 205.

[68] Deel 1 uit het Collegium Adriani heeft een duidelijk andere band (afb. 2): voor- en achterplat hebben boven en onder een inkeping, alsook boven en onder koperen stoothoeken. De platten zijn bovendien hoger en breder dan de overige.

tegen die éne bezitter. Wellicht kan onderzoek naar de boekbindersateliers leiden[69]. De afbeeldingen 10 tot 16 kunnen daartoe de opmaat zijn. De op sommige banden nog zichtbare kapitalen K (afb. 17) en P (afb. 18) alsook de custoden voor de etiketten met de informatie over maand en volume (afb. 19) hebben vermoedelijk met de organisatie van de bibliotheek van de Brusselse recolletten te maken.

In de oudste bibliotheekcataloog van Westmalle (handschrift 62)[70] is op p. 352 genoteerd: *Bollandus Acta Sanctorum 1643-1794 53 vol. in fol.* Dit correspondeert in de *Acta Sanctorum*-tabel met de nummers 1 tot 52 meer 54. Handschrift 62 vervolgt: *deest tom. 5 oct. 1/2.* Het ontbrekende deel van de originele uitgave is in 1786 verschenen en heeft in de *Acta Sanctorum*-tabel het nummer 52, in de Westmalse nummering 53. Het is een exemplaar van de *editio altera cum auctario*, Bruxellis, Typis Alphonsi Greuse, 1852. Het olijfgroene etiket van de overige banden is nu zwart. Dit zwarte etiket komt ook voor op de delen 55 tot 59. Provenancesporen komen voor op voorplat, Franse titel noch titelpagina. Deze drie vaststellingen doen ertoe besluiten dat dit deel verworven werd in de periode na het overlijden van bibliothecaris Bonaventura Hermans. Hiermee hangt samen dat het oudste ex-libris van Westmalle niet in deze delen is aangebracht.

Bonaventura Hermans, de eerste bibliothecaris van Westmalle, is op 5 maart 1875 overleden[71]. De *Acta Sanctorum*-delen van de *édition orginale* die na zijn dood gepubliceerd werden, hebben niet langer de hierboven geschetste nummering. In de volgorde waarop ze op afb. 20 te zien zijn gaat het om:

oktober tomus XII, 2 *partes* in een band, Brussel 1867-1884, editio altera
oktober tomus XIII, Parijs 1883
Supplementum + Tables générales, Parijs 1875
november tomus I, Parijs 1887

---

[69] LE CLERCQ L., *Brusselsche boekverkoopers en -binders te Brussel in de 17e eeuw* in *Tijdschrift voor boek- en bibliotheekwezen* 1911, p. 31-33.

[70] *Catalogue des Livres de la Bibliothèque de l'Abbaye du Sacré Cœur de l'ordre de Citeaux à Westmalle.* Facsimile-uitgave ingeleid door Guido HENDRIX, Gent 2009.

[71] Biografische schets onder de titel *Bonaventura Hermans, eerste bibliothecaris... en Trappist op een stokpaardje* bij HENDRIX G., *Handschriftenbezit en boekengebruik Trappisten Westmalle 1794-1994.* Leuven 1994 (*Documenta libraria*, 14); p. 19-23. Inhoudelijk overgenomen door VAN DEN BRAND R., *Het plagiaat van Dr. Jan-J.F. Wap bij de "Geschiedenis van het Land en der Heeren van Cuyk" (1858) en de trappist pater Bonaventura Hermans* in *Merlet. Uitgave van de Historische Kring Land van Cuijk* 43, 2007, p. 87-99.

november tomus II *pars prior*, Brussel 1894 (Martyrol. Hieronym.)
november tomus II *pars posterior*, Brussel 1931 (comm. Delehaye M.H.)
november tomus III, Brussel 1910
november tomus IV, Brussel 1925
Propylaeum ad Acta Sanctorum Novembris, Brussel 1902
Propylaeum ad Acta Sanctorum Decembris, Brussel 1940 (+ Mart. rom.).

Vier banden op deze afbeelding zijn een duidelijke imitatie van de voorafgaande delen van de collectie. Zij vertonen een gezamenlijke fout: op het rood-lederen etiket dat op het tweede veld werd aangebracht staat *Bollandiano*. Dit betekent dat dezelfde letterhaak werd gebruikt, vermoedelijk in Westmalle zelf. De overige, zwarte banden kunnen in de Westmalse drukkerij-boekbinderij tot stand zijn gekomen. Zij zijn gebonden in hetzelfde materiaal als de liturgische boeken die ter plaatse gedrukt en ingebonden werden.

5. Guilielmus Josephus De Boey

Deel 55, Brussel 1845, bestaat uit een *pars prior* en *pars posterior*, dus uit twee banden. In de *pars prior* de volgende opdracht, die ongetwijfeld voor beide *partes* geldt, door de twee redacteuren van het bewuste *Acta Sanctorum*-deel:

> Inclyto Viro D. Guilielmo Deboeije,
> ex Pontificio S. Gregorii Magni equestris Ordine,
> Bruxellis, 28 Aprilis 1846.
> J. Vandermoere S.J. – J. Van Hecke S.J.

Omdat de verlening van een pauselijke orde gebeurt op voordracht door het diocees van de betrokkene – in casu het Aartsbisdom Mechelen – en op basis van gepreciseerde mérites jegens de Kerk, leek het Historisch Archief van het Aartsbisdom Mechelen-Brussel een aangewezen weg om de Gregoriusridder te identificeren. In dit Historisch Archief zijn gegevens in verband met pauselijke onderscheidingen evenwel pas vanaf 1926 bewaard[72].

Bernard Joassart, een van de redacteuren van het eeuwfeestboek *Bollandistes, saints et légendes*, heeft me het enige document meegedeeld waaruit blijkt dat De Boey (dit is de correcte spelling van zijn naam) in 1846 bij de *Société des Bollandistes* bekend was. Zijn naam komt voor in het lijstje van personen aan wie met (om welke reden dan ook) dankbare gevoelens het pas verschenen exemplaar van de *Acta Sanctorum* is aangeboden:

> Nous n'avons ici aucune lettre de ce personnage à l'un de nos devanciers. La seule mention que j'ai trouvée se trouve dans le premier diaire des nouveaux bollandistes (archives BSE) qui dit ceci *D° Deboeije, Antverpiensi, in signum grati animi* et qui est incluse dans la liste des personnes à qui on a fait don du tome 7 des AASS lors de leur parution.

De Westmalse archivaris J.B. Van Damme geeft in zijn geschiedenis van de abdij Westmalle verscheidene voorbeelden van de mildheid van

---

[72] Mededeling door archivaris Gerrit Vanden Bosch.

G.J. De Boey jegens de abdij[73]. In de uit 1865 daterende abdijkroniek[74] wordt hij *nominatim* onder de weldoeners van de bibliotheek vermeld: *Mr. G. De Boey, rentenier te Antwerpen.* J.B. Van Damme weet over hem *in rebus bibliothecariis*:

> G.J. De Boey, reeds bekend als weldoener, schonk een groot aantal boeken, doch slechts eenmaal werd zijn naam aangetroffen, namelijk in een deel van de grote Bollandisten; zeer waarschijnlijk was hij de gever van de gehele reeks van deze vermaarde uitgave, voor zover zij tijdens zijn leven reeds was verschenen[75].

Het is zonder meer duidelijk dat hier het door de bollandisten Vandermoere en Van Hecke aan De Boey opgedragen deel bedoeld is.

Het abdijarchief bewaart een door J.B. Van Damme opgestelde, getypte tekst *De bibliotheek* waarin de archivaris als zijn opinie formuleert:

> De Boey (…) is hoogst waarschijnlijk de schenker der "Acta Sanctorum Bollandiana", waarvan boekdeel 55 een inscriptie draagt van de paters Bollandisten Vander Moer en Van Hecke, die dit en het volgend boekdeel, samen tomus VII der heiligen van october uitmakend, aan genoemde weldoener opdragen. Deze schenking moet tussen de jaren 1845 en 1850 gedaan zijn, resp. data der uitgave en van De Boey's dood. De voorgaande boekdelen bevonden zich in 1834 [*sic, lees* 1843], wellicht vroeger, in de bibliotheek; te oordelen naar hun inbinding werden deze alle tegelijk aangekocht, en dus ook tegelijk geschonken, hetgeen de gewone grenzen van de Boey's weldadigheid te buiten ging[76].

Hier moet opgemerkt worden dat Van Damme op deze plaatsen geen enkele verwijzing geeft. Er is geen enkele indicatie dat de (noem ik ze even zo) recollettendelen ooit in het bezit van De Boey zijn geweest. Op de verschillen in de banden is bovendien reeds gewezen.

G.J. De Boey (1767-1850) is mij gaan boeien, zodat ik uitgebreid onderzoek naar hem ondernomen heb dat mij zeer ver van mijn huidige focus, de Westmalse *Acta Sanctorum,* heeft gebracht. De verrassende en

---

[73] VAN DAMME J.B., *Geschiedenis van de Trappistenabdij te Westmalle.* Antwerpen-Amsterdam 1977; p. 127, 151-153, 161 en 182.

[74] *Kronyk van den oorsprong, wederweerdigheden en voortgang van de Abdy van O.L.V. van Latrappe, genoemd het H.Hert van Jesus te Westmalle in België.* Westmalle, Abdijarchief, Doos Z.

[75] VAN DAMME J.B., *Geschiedenis…,* p. 201.

[76] Abdijarchief stuk Bi-1 AW, p. 5.

bij wijlen verbijsterende resultaten, en ook de nieuwe vraagtekens die het onderzoek heeft opgeroepen, zullen in een monografie over deze Antwerpse miljonair meegedeeld worden. Hier en nu moge ik mij beperken tot de mededeling van zijn grafschrift:

Hic jacet in pace Christi
Gulielmus Josephus De Boey
Civis antuerpiensis
Gregoriani ordinis eques
Torquatus
Integritate fidei in Deum
Conspicuus
Qui in omne opus bonum
Effusus
Templa ornatibus, pauperes
Alimentis, infirmos
Hospitio
Missiones longinquas
Precibus et liberalitate
Sospitavit
Utriusque cleri fautor
Munificus
Obiit Antuerpiae anno aetatis LXXXI
Die V Kal Martias MDCCCL
Incoluit, pauperibus
Destinavit, in Sepulchrum
Sibi delegit
Haeres ex testamento
        PC
        RIP

6. Door Scourmont betreurd bezit

In de 19e eeuw waren er in België drie vestigingen van trappisten. Het tot abdij verheven Westmalle was de verblijfplaats van de vicaris generaal van de belgische Congregatie. Voorts waren er de priorijen Sint-Sixtus in West-Vleteren en Achel in de provincie Limburg. In beide priorijen kon men niets ondernemen zonder de instemming van de vicaris generaal. Na de stichting van La Trappe de Forges (Scourmont te Chimay) werd dit klooster op dezelfde voet als Achel en West-Vleteren behandeld. Telken jare zond de abt van Westmalle zijn prior naar Scourmont om er de visitatie uit te voeren. Tussen Westmalle en Scourmont waren er wrijvingen[77], of heerste er "peu de sympathie"[78]. Het generaal kapittel heeft dit aangevoeld en in 1892 beslist dat Scourmont met ingang op 14 juni 1894 onder de jurisdictie van West-Vleteren zou leven.

Op deze conflictueuze situatie heeft zich op een niet nader te bepalen tijdstip een betwisting over de *Acta Sanctorum* geënt. De twistappel was niet het heden ten dage in Scourmont aanwezige exemplaar van de *Acta Sanctorum*. Dit is immers ten tijde van Dom Anselme Le Bail, abt van 1913 tot 1949, aangekocht, blijkens een recent artikel over de bibliotheek van Scourmont in een lokaal historisch tijdschrift:

> La plupart des grandes collections qui garnissent aujourd'hui les rayons de la salle d'étude et de la bibliothèque furent acquises par lui: Patrologie Grecque, Patrologie Latine, Collection des Conciles de Mansi, les dictionnaires Letouzey, Gallia Christiana, Acta Sanctorum des Bollandistes, livres de consultation de tous genres[79].

---

[77] Niet toevallig beschrijft de hieronder nog te noemen MILCAMP R., *L'abbaye…* 6, 1965, p. 73 lichtjes ridiculiserend de vestimentaire uitrusting van deze visitator: "Dans les premières années, ce visiteur arrivait vétu d'une grande redingote sur des culottes-jarretières et, portant comme chapeau, un tricorne".

[78] LEBRUN F., *Dom Hyacinthe Bouteca. Premier prieur titulaire (1859-1871) et premier abbé (1871-1890) de Notre Dame de Scourmont.* (gestencild, z. pl. z.j.), p. 124: "… Il est évident que pareille situation ne pouvait échapper à l'attention du Père Abbé de Westmalle, le vicaire général de la congrégation belge; mais sans aucun doute le peu de sympathie qui existait entre Westmalle et Scourmont ne devait pas faciliter une intervention de sa part, d'autant que dans sa propre abbaye les documents dont nous avons eu connaissance par les archives vaticans connut dans ces mêmes années nombre de difficultés internes". – LEBRUN F., *Fondation de Scourmont*, (gestencild, z. pl. z.j.).

[79] GERMAIN C., *Heurs et malheurs de la Bibliothèque de l'Abbaye de Scourmont* in *Au pays des rièzes et des sarts. Annales d'histoire locale* 46, 2006, p. 381-390.

Veertig jaar vroeger[80] heeft Raymond Milcamp, monnik van Scourmont, in hetzelfde tijdschrift evenwel een als kroniek bestempelde *roman fleuve* over zijn abdij gepubliceerd. Ze steunt op de in Scourmont in handschrift bewaarde *Origines et histoire de N.-D. de saint Joseph* van de in 1907 overleden pater Tiburce Grimaud[81]. R. Milcamp schetst de figuur van Louis van Iseghem (geboren Brugge 1828), monastieke naam Albéric, in 1860 priester gewijd, in 1868 subprior en in 1871 prior geworden, en bibliothecaris. Vanaf 1892 kon hij niet langer aan het leven van de communauteit deelnemen en verbleef hij doorgaans in de bibliotheek.

> Pendant plus de 30 ans, il fut bibliothécaire. Dans cette charge, il ne mérita pas des éloges, tant pour le choix des livres qu'il acheta ou échangea que pour sa complaisance à les fournir à ceux qui en demandaient. On aurait dit que les livres étaient destinés à garnir les rayons. La magnifique collection "les Bollandistes", évaluée à plus de 4000 francs, fut cédée au vicaire général de Westmalle qui trouvait qu'elle ne convenait pas dans une petite abbaye: il l'échangea contre un certain nombre de vieux bouquins flamands sans valeur[82].

Begin ik met dit laatste. Dat de vicaris generaal voor Nederlandstalige lectuur zorgde is zeer begrijpelijk in het licht van de toenmalige populatie van Scourmont. Onder de ruim dertig *Figures de moines* die R. Milcamp iets uitvoeriger presenteert[83] zijn er 11 Franstalige Belgen of Fransen, 10 Nederlanders en 1 Duitser, alsook 11 die, te oordelen naar hun geboorteplaats, Nederlandstaligen kunnen zijn. Kortom: de Nederlandstaligen maakten twee derden van de communauteit uit. Zulke maatregel vanwege een vicaris generaal of vanwege een visitator paste bijgevolg volkomen in het kader van een bezoek of van de jaarlijkse visitatie[84]. Zou zulke maatregel er daadwerkelijk geweest zijn, dan zou die *normaliter* zijn neerslag moeten vinden in de visitatiebrief (visitekaart) van het bewuste jaar. R. Milcamp heeft nagelaten de in zijn tijd nog levende mondelinge

---

[80] LE BAIL A. & BOCK C., *Un siècle de vie monastique. Abbaye N.D. de Scourmont*, Forges-lez-Chimay 1950, hebben een hoofdstuk *Bibliotheca succurmontensis* (p. 119-129). Dit is een bibliografie van de eigen monniken, doch geen bibliotheekgeschiedenis.

[81] MILCAMP R., *L'abbaye de Scourmont à Forges-lez-Chimay* in *Au pays des Rièzes et des Sarts* 6, 1965, p. 349-357, 493-496; 6, 1965/1966, p. 69-75, 161-169, 224-233, 294-302; 7, 1967, 388-394, 469-478, 592-602, 675-685; 9, 1968, 63-71, 151-160.

[82] MILCAMP R., *L'Abbaye de Scourmont…*, jg. 9, 1968, p. 70.

[83] MILCAMP R., *L'Abbaye de Scourmont…*, in de jaargangen 7 en 9.

[84] *Reglementen van de Orde der Cisterciënsers van de Strenge Onderhouding voorafgegaan van den Regel van den H. Benedictus, van de Carta Caritatis en de Constituties, uitgegeven door het Algemeen Kapittel van 1920*. Westmalle 1928, art. 633-640.

overlevering te toetsen aan het abdijarchief. Hij heeft de lezer meteen de datering van de (eventuele) maatregel onthouden.

Vervolgens: een magnifieke collectie Latijnse *Acta Sanctorum* versus een reeks waardeloze oude Nederlandstalige boekjes… Monastiek-historisch lijkt mij een dergelijke pecuniaire afweging van een eventuele visitatiemaatregel onvoorstelbaar: het ging de visitator om het moge-lijke geestelijke voedsel. Bibliotheekhistorisch is ook niet aangegeven wanneer en door wie de evaluatie "à plus de 4000 francs" gebeurd is. Al evenmin toont R. Milcamp op enige wijze aan dat Scourmont de eerste editie van de *Acta Sanctorum* ooit verworven heeft of ten geschenke gekregen heeft. Kortom: een mondelinge traditie uit de tijd van een bibliothecaris die door R. Milcamp als "pas très intelligent" wordt bestempeld[85].

Ook Westmalle kan niet aantonen wanneer het de *Acta Sanctorum* aangekocht of ontvangen heeft. Precies in zulke omstandigheden geldt het *ius possessoris*. Vervolgens is er de notitie in de oudste bibliotheekcata-logus van Westmalle (*cf. supra*) die als nummer 5 registreert: *Bollandus Acta Sanctorum 1643-1794 53 vol. in fol*[86]. Deze catalogus werd door J.B. Van Damme in het jaar 1843 geplaatst. Ook wanneer dit jaartal eer-der als het decennium 1840-1850 moet geïnterpreteerd worden, is de Westmalse catalogusnotitie als bezitterformule nog altijd ouder dan het pas in 1850 als priorij gestichte Scourmont.

Het abdijarchief Westmalle bewaart niet alleen de door J.B. Van Damme opgestelde tekst *De bibliotheek,* doch ook zijn 26 oktober 1972 gedateerd *Memorandum concernant l'ouvrage Acta Sanctorum des Bollandistes qui se trouve dans la bibliothèque de l'abbaye de Westmalle.* Hij concludeert[87] "… il est permis de croire que les trois volumes d'Acta Sanctorum passèrent à Westmalle en 1862". Bedoeld zijn de delen 56 (1853), 57 (1858) en 58 (1864). Dit *Memorandum* was bestemd voor de abt van Scourmont (blijkbaar was de twistappel nog niet verteerd) die de twee bladzijden doorgaf aan de reeds genoemde R. Milcamp. Van deze laatste is een briefje met datum 3 november 1972 bewaard waaruit ik citeer:

---

[85] MILCAMPS R., *L'abbaye de Scourmont…*, jg. 9, 1968, p. 70.

[86] De notitie in de bibliotheekcatalogus zegt nog meer. Dezelfde hand heeft geno-teerd: *deest tom. 5 oct. 1/2.*

[87] Na redeneringen die ik niet kan bijtreden, bijv. hoe kan het in 1864 verschenen deel 58 in 1862 van Scourmont naar Westmalle overgebracht zijn?

Le visiteur de Westmalle, de passage à Scourmont, remarqua cette collection et proposa de l'échanger contre de vieux bouquins flamands dans le but de compléter la collection de Westmalle. Je pense donc comme vous que les trois volumes d'Acta Sanctorum de Scourmont, passèrent à Westmalle en 1862.

Aangezien "La magnifique collection des Bollandistes évaluée à plus de 4.000 francs" verschrompeld is tot drie delen, kan dit hoofdstukje over een twistappel tussen Scourmont en Westmalle afgesloten worden.

Pater Seraphinus Lenssen O.C.S.O. (1891-1960), de "bollandist" van de trappisten

Frans of Franciscus Lenssen is in Nederlands Limburg geboren op 19 oktober 1891. Toen hij elf was kandideerde hij, die niet op een sterke gezondheid bogen kon, voor het juvenaat van de trappistenabdij Onze-Lieve-Vrouw van Koningshoeven bij Tilburg. Zijn doopnaam herinnerde aan de heilige van Assisi, geëerd als *Seraphicus*, en leverde hem de monastieke naam Seraphinus op. Toen zijn tweelingbroer later tot dezelfde kloostergemeenschap toetrad, gingen beiden als Seraphinus en Cherubinus (afb. 21) door het monastieke leven.

Na zijn tijdelijke geloften verbleef hij enige tijd in het nabij Luik gelegen kloostertje Charneux waar de abdij Koningshoeven een stichting beoogde. Vervolgens trok hij naar de abdij Notre-Dame de Scourmont te Chimay waar hij wijsbegeerte studeerde en de kennis van het Frans verwierf die hem bij zijn publicaties zo nuttig zou blijken.

De plechtige geloften legde hij af op 24 april 1913. Zijn priesterwijding volgde op 24 oktober 1915. Bij het gouden jubileum van zijn wijding in 1965 werden zes conferenties, die hij van 1942 tot 1956 had gehouden, gestencild en gebundeld onder de titel *Cisterciënser hervormingen*. Hierin zijn opgenomen:

1. *Cisterciënser hervormingen* (29 april 1942)
2. *Hervormde Cisterciënsers* (25 juli 1948)
3. *Twee Orden in één Cîteaux* (3 januari 1949)
4. *De Hervorming van Dom Eustache de Beaufort* (17 februari 1952)
5. *Wat wil Boquen?* (november 1954)
6. *Wat zijn Trappisten?* (23 september 1956; compendium van *Étude sur l'Ordre des Cisterciens* en lezing gehouden voor een groep journalisten).

Deze bundel van eenentachtig bladzijden werd in juli 1989 door P.A. Steffen, nu K.U. Nijmegen, opnieuw uitgegeven[88]. De conferenties

---

[88] Nogmaals gestencild, 85 p. Hattem.

zijn, aldus deze redacteur, aan te merken als voorstudies voor het na Seraphinus' dood gepubliceerde werk *La Trappe. Schets van ontstaan en ontwikkeling (1664-1898)*, ingeleid en bewerkt door D. de Jong O.C.S.O. Achel.

In oktober 1965 bundelde zijn broer Cherubinus hagiografische lezingen die Seraphinus tussen 1935 en 1955 had gehouden: *Uit de zomertuin van Cîteaux. Hagiografische voordrachten*[89]. Bij deze titel geeft Pater Cherubinus in de *Inleiding* het volgende commentaar:

> De titel *Uit de zomertuin van Cîteaux* werd gekozen omdat alle personen over wie deze conferenties handelen in de twee eerste eeuwen van de Orde hebben geleefd, welke periode terecht de bloeitijd van Cîteaux kan worden genoemd, ook al vertonen zich reeds in de eerste helft van de dertiende eeuw de eerste symptomen van de herfsttij…

Uit de zomertuin van Cîteaux bevat[90] volgens de chronologie van de onderwerpen en dus niet volgens de datum waarop de voordrachten gehouden werden:

1. *Over cisterciënser hagiografie* (15 juli 1945).
2. *Cîteaux en zijn Stichter* (21 maart 1935, met bronnen, literatuur en aantekeningen).
3. *Sint Albericus* (15 april 1945).
4. *Sint Stephanus Harding* (16 juli 1943).
5. *Sint Bernardus van Clairvaux* (27 januari 1945).
6. *De heilige Petrus van Tarentaise* (22 april 1946).
7. *De H. Stephanus van Obazine, de Zalige Serlo en de Congregaties van Obazine en Savigny* (25 januari 1948).
8. *De zalige Gaufridus van Auxerre* (17 juli 1952).
9. *Over de heiligen Thomas en Edmundus* (13 februari 1952).
10. *Abt Gerardus van Alvastra* (28 juli 1946).
11. *Nog iets uit de Cisterciënser kloosters in het Hoge Noorden. De zalige Gerekin van Alvastra* (= artikel in *Uit het land van St. Olaf* 21, 1947).
12. *De zalige Arnulphus van Villers* (27 april 1947).
13. *De vrome-vrouwen-beweging in de Orde* (zonder datum).
14. *De zalige Beatrijs van Nazareth* (20 juli 1947).

---

[89] Koningshoeven, 113 bladzijden gestencild.

[90] De *Inhoud* zoals opgesteld door Cherubinus heeft soms kortere titels dan de door Seraphinus bedachte titels.

15. *De H. Mechtildis van Helfta* (april 1956).

16. *De H. Gertrudis de Grote* (juli 1956).

17. *Over de hagiografische afbeeldingen op de pontificale gewaden in het koor en in de kapittelzaal van de Abdij O.L.V. van Koningshoeven* (januari 1946).

***

Zijn kloostergenoten moest Seraphinus de dogmatiek bijbrengen. Gelijktijdig was hij *sacrista*, een taak die hem eerder onverwacht zou brengen op het gebied waarop hij een pioniersrol heeft vervuld.

De toenmalige abt van Koningshoeven, Dom Simon Dubuisson († 1945), begeerde voor de pontificale diensten nieuwe kerkgewaden. Naar de smaak van de tijd – na de eerste Wereldoorlog, preciezer in 1922 – werd op de liturgische gewaden een stoet cisterciënzerheiligen geborduurd. Men wilde niet alleen authentieke heiligen, ze moesten tevens op de voorgeschreven wijze(n) gecanoniseerd zijn. Dat zou Seraphinus zeer ver brengen. Hij werd een van de eersten die de traditionele gegevens van de cisterciënzerhagiologie gingen toetsen aan de methoden van de historische kritiek. Zijn opzoekingen hebben, ondanks de schaarse hulpmiddelen die hem aanvankelijk ter beschikking stonden, geleid tot een monument van vrome eruditie of erudiete vroomheid.

Voor Seraphinus werd het vrij spoedig duidelijk dat het *Menologium*[91] van 1898 niet erg betrouwbaar was: het was de Henriquez-van-1630 in lichtjes aangepaste vorm. Vrome legenden tierden er welig voort en heel wat "heiligen" pronkten er helemaal ten onrechte met de titel van heilige.

Voor zijn opzoekingen vond Seraphinus steun en aanmoediging bij Dom Anselme Le Bail (1878-1956)[92] en Dom Alexis Presse (1883-1965)[93] die zelf op een beslissing van het Generaal Kapittel van 1932 konden steunen, als volgt geformuleerd in het in 1952 verschenen *Menologium*, p. vi:

Quamobrem Capitulum Generale Cisterciensium strictioris observantiae anno 1932 Concilium instituit, quod vetus nostrum Menologium ad justas artis criticae normas corrigeret ac compleret.

[91] *Ménologe cistercien*. Par un moine de Thymadeuc. Saint-Brieuc 1898.

[92] DUFRASNE D., *Un moine. Un abbé. Une communauté. Dom Anselme Le Bail abbé de Scourmont 1913-1956*. Préface par C. DUMONT, Postface par A. VEILLEUX. Scourmont 1999, 217 p. (*Cahiers Scourmontois*, 1).

[93] DE VILLENEUVE X.H., *Boquen. Dom Alexis Presse*. Saint-Brieuc 1996.

Onder hun gezagvolle hoede bestond Seraphinus het een volledig nieuwe lijst op de stellen van de heiligen en gelukzaligen van de Orde die alle officiële canonieke criteria vervulden. Tot consternatie van niet weinigen een lijst met slechts enkele tientallen. Dit kritisch schiften gebeurde absoluut niet volgens persoonlijke voorkeur, doch volgens consequent gehanteerde wetenschappelijke criteria. De verantwoording van de selectie gebeurde in opeenvolgende werken die *pro manuscripto* met het alkoolprocédé gedrukt werden zodat zij niet tegen "de tand des tijds" zullen bestand zijn. Zij hebben talrijke *addenda seu mutanda, corrigenda inserenda* gekregen in het *Supplementum*, en bovendien losbladige *addenda & corrigenda* die uiteraard kunnen verloren geraken.

De structuur van de twee delen van het *Hagiologium Cisterciense* 1948-1949 volgt hieronder aan de hand van de op de *Praefatio*, p. I-VI, volgende *Index* p. VII-XVI. Het volgnummer is in arabische cijfers gedrukt; op de naam volgt het sterfjaar.

Caput praevium
Sancti Cisterciensis Ordinis conditores

1. S.P.N. Robertus, † 1111
2. S.P.N. Albericus, † 1109
3. S.P.N. Stephanus, † 1134

Pars prior
Sancti, Beati, Martyres ac fidei Confessores

Caput I: Canonisati

A. *Formaliter*

I. Cisterciensis Ordinis monachi professi
    4. S.P.N. Bernardus, † 1153
    5. S. Petrus, archiepiscopus Tarentasiensis, † 1174
    6. S. Guillelmus, archiepiscopus Bituricensis, † 1209

II. Sancti Cisterciensi Ordini quomodocumque conjuncti
    7. Thomas Becket, archiep. Cantuar. et martyr, † 1174
    8. S. Edmundus Rich, archiep. Cantuar., † 1243
    9. S. Hedwigis, vidua, soror famil. Trebnicensis, † 1243

B. *Aequipollenter*
    10. S. Gertrudis, santimonialis Helftensis, † 1300

CAPUT II: Beatificati sive formaliter sive aequipollenter

CAPUT III: Cultu gaudentes immemoriali

CAPUT IV: Martyres ac fidei Confessores
A. Ex primis Ordinis saeculis
B. Ex persecutione Hussitarum, saeculo XV
C. Saeculo XVI et XVII, variis ex causis
D. Ex persecutionibus Protestantium, saeculis XVI et XVII
    1. In Anglia et Scotia
    2. In Hibernia
    3. In Gallia
    4. In Germania et Polonia
    5. In Belgio et Hollandia
E. Ex perturbatione rerum publicarum in Gallia, saec. XVIII.
Appendix
F. Martyres recentiores

Pars altera
Viri ac mulieres Ordinis Cisterciensis pietate illustres seu de Ecclesia vel de
Ordine optime meriti

Monitum
CAPUT I: Ex temporibus anno 1500 anterioribus
A. Claravallenses seu Discipuli S.P.N. Bernardi
B. Alii ex Ordinis saeculo primo (1100-1200)
C. Hemmenrodenses & Heisterbacenses
D. Villarienses
E. Alii ex Ordinis saeculo secundo (1200-1300)
F. Ex Ordinis saeculo tertio (1300-1400)
G. Ex Ordinis saeculo quarto (1400-1500)

CAPUT II: Ex temporibus recentioribus
A. Ex Ordinis saeculo quinto (1500-1600)
B. Congregationis Castelliae sodales
C. Fulienses
D. Alii ex Ordinis saeculo sexto (1600-1700)
E. Trappenses
F. Alii ex Ordinis saeculo septimo (1700-1800)
G. Ex tempore Vallis-Sanctae. Appendix

H. Alii ex Ordinis saeculo octavo (1800-1900)
I. Ex Ordinis saeculo currente, usque ad annum 1925

Op deze twee delen volgde in 1951 het *Supplementum ad Hagiologium Cisterciense*:

I.   Addenda seu mutanda in Priore Parte
II.   Addenda seu corrigenda in Altera Parte
III. Inserendi in altera Parte, bis-nummers 434b-776b
IV.   Vitae compendia aliquorum qui post 1925 mortui sunt
V.   Facta ex Cisterciensis Ordinis historia in Menologio breviter memoranda
VI.   Catalogus aliquorum qui obiisse leguntur aut obiisse videntur cum fama sanctitatis
VII. Catalogus eorum quos praetermittendos seu differendos existimavimus
VIII. Nomina eorum quos ex undique propositis ipsi harum causarum judices a capitulo generali anno 1950 designati Menologio non inscribendos decreverunt (ruim 80 nummers)
Index alphabeticus quinque priorum hujus Supplementi paragraphorum.

Het *Supplementum* is gedateerd 1 mei 1951, dit is de vooravond van de goedkeuring in 1951. Op de titelpagina van het te Westmalle[94] gedrukte officiële *Menonologium cisterciense* komt de naam van Seraphinus Lenssen niet voor. Daar staat wel "a monachis Ordinis Cisterciensis Strictioris Observantiae compositum". Het *Menologium* werd goedgekeurd door het Generaal Kapittel van 1952. De *epistola gratulatoria* p. v-vii is ondertekend door M. Gabriel Sortais, Abbas Cistercii, Rome 15 december 1951. De tekst zelf is geschreven door pater Vincentius Hermans, Definitor, a.h.d[95]. De *epistola gratulatoria* is gericht "ad auctorem principalem Menologii, P. Seraphinum Lenssen, monachum B.M. de Villa regia, prope Tilburg in Hollandia". In de tekst wordt hij als "geliefde zoon" aangesproken en om zijn werk geprezen:

> Post plura habita conventicula, in quibus correctionis peragendae regulae et principia dilucide stabilita sunt, labor quasi totus tibi, dilecte fili, concreditus est.

---

[94] Waar de *typographia Ordinis* gevestigd was.
[95] Ad hoc deputatus.

Hoeveel heiligen uiteindelijk behouden bleven, is niet onmiddellijk duidelijk. Het *Menologium* van 1952 is per kalenderdag gerangschikt; nummering komt er niet in voor. De *Index alphabeticus* op de p. 295-306 telt naar schatting duizend namen, doch naast persoonsnamen zijn ook plaatsnamen opgenomen.

Vervolgens wordt in de *epistola gratulatoria* de hoop uitgedrukt dat het *Menologium* "mox in linguas reddatur vernaculas – in volkstalen zou vertaald worden". Er is ten minste één vertaling van het werk van Lenssen tot stand gekomen: *Ménologe cistercien*[96]. Het *Avertissement des traducteurs* vangt aan met deze zin:

> Le nouveau *Menologium cisterciense*, demandé par le Chapitre Général de 1932 est l'œuvre du P. Séraphin Lenssen ... Ce travail, retardé par la guerre, ne fut prêt qu'en 1951 et fut la même année approuvé par le Chapitre Général. Le texte rédigé en latin, était présenté comme le texte-type...

Kritiek is Seraphinus niet gespaard gebleven. In een anoniem aan de op 13 januari 1960 overleden Seraphinus Lenssen gewijd *In memoriam* komt deze genuanceerde beoordeling voor:

> Mais le travail de pionnier est toujours ingrat et constitue une cible particulièrement facile pour la critique. On ne la lui a pas ménagée. D'ailleurs le Père Séraphin a pu être moins heureux dans le genre hagiographique à proprement parler. Plus d'une fois, il a pu témoigner trop de confiance aux sources médiévales qui lui passaient par la main, où il ne distinguait pas toujours suffisamment entre certaines formules purement littéraires, propres au genre, et des affirmations historiques au sens strict du mot. Ses sources présentaient parfois davantage une théologie de la sainteté que son histoire, et il ne s'en est pas toujours aperçu, laissant ainsi à des successeurs et des disciples un domaine encore passionnant à exploiter. Mais son travail de l'*Hagiologium*, particulièrement précieux à cause de la bibliographie très soignée qui accompagne chaque notice biographique, demeurera pour longtemps l'instrument irremplaçable dans le domaine[97].

***

De studie *Aperçu historique sur la vénération des saints cisterciens dans l'Ordre de Cîteaux* is in vóóroorlogse (1939-1940) en ná-oorlogse (1945-1946)

---

[96] Colonzelle 1955, 263 + II + 14 p.
[97] *In memoriam P. Seraphinus Lenssen o.c.s.o.* in *Collectanea cisterciensia* 22, 1960, p. 176-179.

afleveringen van de *Collectanea ordinis Cisterciensis Ref.* verschenen; zie hieronder de Bibliografie van S. Lenssen. De afleveringen werden door de Abdij Koningshoeven in een aparte uitgave, Tilburg zonder jaar, gebundeld, nu met doorlopende paginering 1 tot 127.

Paginering van de *Troisième étude: Recueils et Catalogues*: na de correct gepagineerde bladzijden 89-92 volgden nogmaals bladzijden 89-92. De beknopte *Table alphabétique*, in de Tilburgse heruitgave p. 125-127, steunt op de foutieve paginering.

Bibliografische addenda.
Het *Aperçu historique…* is geredigeerd en gepubliceerd vóór J.-M. Canivez[98] zijn *Statuta capitulorum generalium Ordinis cisterciensis* [*SCG*] volledig in het licht had gegeven. Dit leidt tot aanvullende referenties:
p. 25 noot 1: CANIVEZ, *SCG* VII, p. 506 nr 110 en p. 635 nr 83.
p. 27 noot 2: CANIVEZ, *SCG* VII, p. 506.
p. 52: bij de zesde en vijfde zin onderaan: CANIVEZ, *SCG* VII p. 637 nr 97.
p. 59: eerste regel: Aelrède, CANIVEZ, *SCG* V, p. 348-349, nr 69.

Tekstuele addenda, in de Tilburgse herdruk op p. 124 opgesomd: p. 28 na de 16e regel, vóór de *Conclusion de la première étude*, toevoegen: Moins connu est le cas du Fr. Aloys Bley, de Marienstern. Demeurant, en vue d'une fondation, avec quelques missionnaires du Sacré Coeur à la Nouvelle-Poméranie (Nouvelle-Bretagne), il fit, avec eux, massacré par les Kanaks. En 1933, leur cause fut introduite à Rome.

p. 47, 5e regel onderaan: A Savigny on conservait encore, parmi les reliques, un bras du *bienh. Guillaume de Toulouse*, jadis par deux fois abbé de ce monastère, mort abbé de Cîteaux (1185?). (AUVRY-LAVEILLE, *Histoire de la Congrégation de Savigny*, 1897, deel II, p. 78).

p. 59, 2e regel na het woord *prononcé*: On y vénérait de même son premier prédécesseur, le bienh. Guillaume († 1143): des fouilles récentes ont mis à jour deux épitaphes, où il est appelé "saint". (ZIMMERMANN, *Kalendarium benedictinum*, deel II, p. 528).

p. 79: Rectification. Depuis la rédaction de cette Troisième étude (1938) une édition critique du Grand Exorde se prépare: voir *Cist. Chronik* 52 et 53, 1940-1941, p. 161 svv. D'après cette importante publication du R.P.

---

[98] HENDRIX G., *Dom Joseph-Marie Canivez O.C.R. (1878-1952-2002) "un homme d'un autre âge"*. Gent 2002.

Bruno Griesser, plusieurs détails exposés dans les lignes précédentes seraient à compléter[99].

Wat de *Aperçu historique* eigenlijk biedt blijkt best uit de *Table des matières* die hieronder volgt.

---

[99] Bedoeld is het *Exordium magnum cisterciense sive narratio de initio Cisterciensis Ordinis*, in 1961 uitgegeven door P. Bruno Grießer en intussen als deel CXXXVIII van de *Continuatio Mediaeualis* van het *Corpus Christianorum* verschenen alsook in Duitse vertaling *Exordium Magnum Cisterciense oder Bericht vom Anfang des Zisterzienserordens von Conradus, Mönch in Clairvaux, später in Eberbach und Abt daselbst.* übersetzt und kommentiert von Heinz PIESIK. Unter Mitwirkung von Hildegard BREM OCist, Alberich Martin ALTERMATT OCist, Bruno ROBERT OCist. Geleitwort von Fritz WAGNER. Teil 1: *Bücher I-III*. Teil 2: *Bücher IV-VI*. Langwaden, Bernardus Verlag, 2000 & 2002 (*Quellen und Studien zur Zisterzienserliteratur*, delen 3 en 5). – VRENSEN H. O.C.S.O., *Zo begon het. Documenten en verhalen uit de begintijd van de cisterciënzer Orde. Vertaling van Exordium magnum cisterciense.* O.L.Vrouw van Koningsoord, Berkel-Enschot (N) 1992. Franse vertaling door A. Piébourg, *Le Grand Exorde de Cîteaux…*, Turnhout 1998.

***

Pater Seraphinus Lenssen heeft een eigen plaats onder de wetenschappelijk verdienstelijke Ordegenoten. Hij was een tiental jaren jonger dan

J.-M. Canivez (1878-1952) en net als deze qua belangstelling, opleiding en werkmethode "un homme d'un autre âge". Hij was een halve generatie ouder dan zijn Ordegenoten Roger De Ganck (1908-2000)[100], Edmundus Mikkers (1910-1993)[101], Jan Baptist Van Damme (1914-1990)[102]… Door dezen noch door anderen werd zijn werk voortgezet. Toch is hij, net als dezen en anderen, een verdienstelijk deelnemer aan het grote bouwwerk dat heet *Patrimonium cisterciense*.

[100] HENDRIX G. (Red.), *Roger De Ganck (° 1908-), historicus van Cîteaux in de Zuidelijke Nederlanden, gebundeld.* Leuven 1999 (*Bibliotheca auctorum traductorum scriptorum Ordinis Cisterciensis*, 7).

[101] HENDRIX G. (Red.), *Trefwoorden uit de geschiedenis van Cîteaux. Bestuursstructuren – Monialen – Gastvrijheid – Veertiende eeuw – Lekenbroeders.* Leuven 1999 (*Bibliotheca auctorum traductorum et scriptorum Ordinis cisterciensis*, 8). Hoofdstuk 2: *Pater Edmundus Mikkers O.C.S.O., een leven ten dienste van de cisterciënzerspiritualiteit*, p. lv-lxvii.

[102] HENDRIX G. (Red.), *Trefwoorden uit de geschiedenis van Cîteaux.* Hoofdstuk 3: *Jan-Baptist Van Damme O.C.S.O., vorser van de oudste bronnen*, p. lxix-lxxviii.

Bibliografie van P. Seraphinus Lenssen

Afkortingen
CN: Cîteaux in de Nederlanden
CC: Cistercienser Chronik
COCR: Collectanea Ordinis cist. ref.
R.: Boekrecensie van enige omvang
S.: Signalement van artikel of boek.

1. *Le Ménologe cistercien. Mémoire sur les règles d'inscription au Ménologe et Catalogue des noms de personnages en cause* in *Actes de la Commission de Liturgie, concernant le Ménologe cistercien. Sessions intercapitulaires 1936-1937.* Westmalle 1937.

2. *Saint Robert, fondateur de Cîteaux* in *COCR* 4, 1937, p. 2-16, 81-86, 161-177, 241-253. Separate uitgave: Westmalle, Imprimerie de l'Ordre cistercien 1937, 66 p.; gaat terug op de conferentie *Cîteaux en zijn eigenlijke stichter* van 31 maart 1935 (hs. bewaard in de abdij Koningshoeven).

3. *Aperçu historique sur la vénération des saints cisterciens dans l'Ordre de Cîteaux* in *COCR* 6, 1939, p. 1-35, 167-195, 261-275; 7, 1940-1945, p. 73-94; 8, 1946, p. 127-160. Separate uitgave: Abdij Onze Lieve Vrouw van Koningshoeven, zonder jaar.

4. *Een Nederlander abt van het oudste cisterciënserklooster van het Noorden* in *Uit het land van Sint Olaf* 20, 1946, p. 98-101.

5. K. Spahr S.O.C., *Das Leben des hl. Robert von Molesme: eine Quelle zur Vorgeschichte von Cîteaux.* Freiburg 1944. *R.* in *COCR* 8, 1946, p. 223.

6. *De medewerkers van Sint Robertus bij de stichting van Cîteaux* in *Horae monasticae,* Tielt 1947, p. 209-224.

7. *Nog iets uit de cisterciënserkloosters van het Hoge Noorden* in *Uit het land van Sint Olaf* 21, 1947, p. 68-70.

8. *Notes sur l'œuvre missionnaire des cisterciens au XIIe siècle dans les pays situés sur la mer Baltique.* (Onuitgegeven, abdij Koningshoeven, zonder jaar, doch vermoedelijk omstreeks 1947).

9. *Essai d'un nouveau catalogue des saints cisterciens* in *COCR* 10, 1948, p. 6-18.

10. *Hagiologium cisterciense.* Abdij Koningshoeven, Tilburg 1948-1949; 2 delen, xvi + 417 en xix + 420 p.

11. *Le calendrier des saints cisterciens* in *COCR* 10, 1948, p. 261-272.

12. *Correction du Ménologe, ou nouveau Ménologe?* in *COCR* 11, 1949, p. 128-150 en 240-257.

13. *Respectueux appel* in *COCR* 12, 1950, p. 210-211.

14. *Supplementum ad hagiologium cisterciense.* z.pl. [Koningshoeven] 1951, iv + 157 p.

15. *Menologium cisterciense a monachis Ordinis Cisterciensis Strictioris Observantiae compositum et a Capitulo generali anno 1951 approbatum.* Westmalle 1952; xii + 306 p.

16. *De H. Bernardus, abt van Clairvaux en kerkleraar* in *Rooms Leven* [weekblad Tilburg, 29 augustus 1953].

17. *De H. Bernardus als abt* in *Vinculo caritatis. Conferenties en toespraken bij gelegenheid van het achtste eeuwfeest van sint Bernardus' zalig afsterven, gehouden 16-23 augustus 1953 in de Abdij O.-L.-Vrouw van Koningshoeven.* Tilburg [1954], p. 23-33.

18. *Cistercienser Menologium, goedgekeurd door het Generaal Kapittel O. Cist. S.O.* Tilburg 1954; II + 428 p.

19. *À propos de Cîteaux et de S. Thomas de Cantorbéry: L'abdication du Bx Geoffroy d'Auxerre comme abbé de Clairvaux* in *COCR* 17, 1955, p. 98-110.

20. *Wat zijn trappisten?* [Conferentie op 23 september 1956 voor een groep journalisten, K.N.J.K. Onuitgegeven, abdij Koningshoeven].

21. Hermann WATZL S.O.Cist., *Fragen um einen Kult Ottos von Freising* in *Analecta SOC* 14, 1958, p. 223-279. *R.* in *COCR* 21, 1959, p. 396-397.

22. S. in *COCR* 21, 1959, p. 398 van A. BUCKINX-LUYKX, *Het mateloze hart.* Leuven 1959.

23. S. in *CN* 4, 1953, p. 136 van Bruno GRIESSER S.O.C, *Agatha von Himmelpforten, eine unbekannte Cistercienserin des 13. Jahrhunderts* in *CC* 1952, p. 100-112.

24. S. in *CN* 5, 1954, p. 64 van Fernand DELAHAYE O.C.R., *Un moine: saint Robert, fondateur de Cîteaux* in *COCR* 1952, p. 83-106.

25. *L'âme mariale des cisterciens contemporains* in *Marie. La grande revue mariale du jour*. Maart-april 1954, p. 104-105.

26. S. in *CN* 8, 1957, p. 297 J.-M. CANIVEZ O.C.R., *Conrad d'Herlesheim* in *Dictionnaire d'histoire et de géographie ecclésiastique*, fasc. LXXIV, kol. 486-487.

Onuitgegeven, zonder jaar, bewaard in de Nederlandse trappistenabdij Koningshoeven bij Tilburg:

27. *Compte rendu sur le journal des saints de l'abbesse de Tart.*

28. *Explicatio ornatus paramentorum quae ad Sacra Officia pontificaliter peragenda usurpantur in abbatia B.M. de Villa Regia.*

29. *Etude sur l'Ordre des Cisterciens de la Stricte Observance* (onvoltooid, 164 p.).

30. *Overzicht van de geschiedenis der cisterciënser Orde*, 131 p.

Afb. 1

Afb. 2

Afb. 3

Afb. 4

Afb. 5

ACTA
SANCTORUM
IUNII

Ex Latinis & Græcis aliarumque gentium Monu-
mentis, servatâ primigeniâ veterum Scriptorum phrasi,

COLLECTA, DIGESTA,

Commentariisque & Observationibus

ILLUSTRATA

A GODEFRIDO HENSCHENIO P. M.
DANIELE PAPEBROCHIO,
FRANCISCO BAERTIO,
CONRADO JANNINGO,

E SOCIETATE JESU PRESBYTERIS THEOLOGIS.

TOMUS IV

Complexus diem Mensis vigesimum,
& quatuor sequentes.

ANTVERPIÆ,
Apud PETRUM JACOBS,
A. D. MDCCVII.

Afb. 6

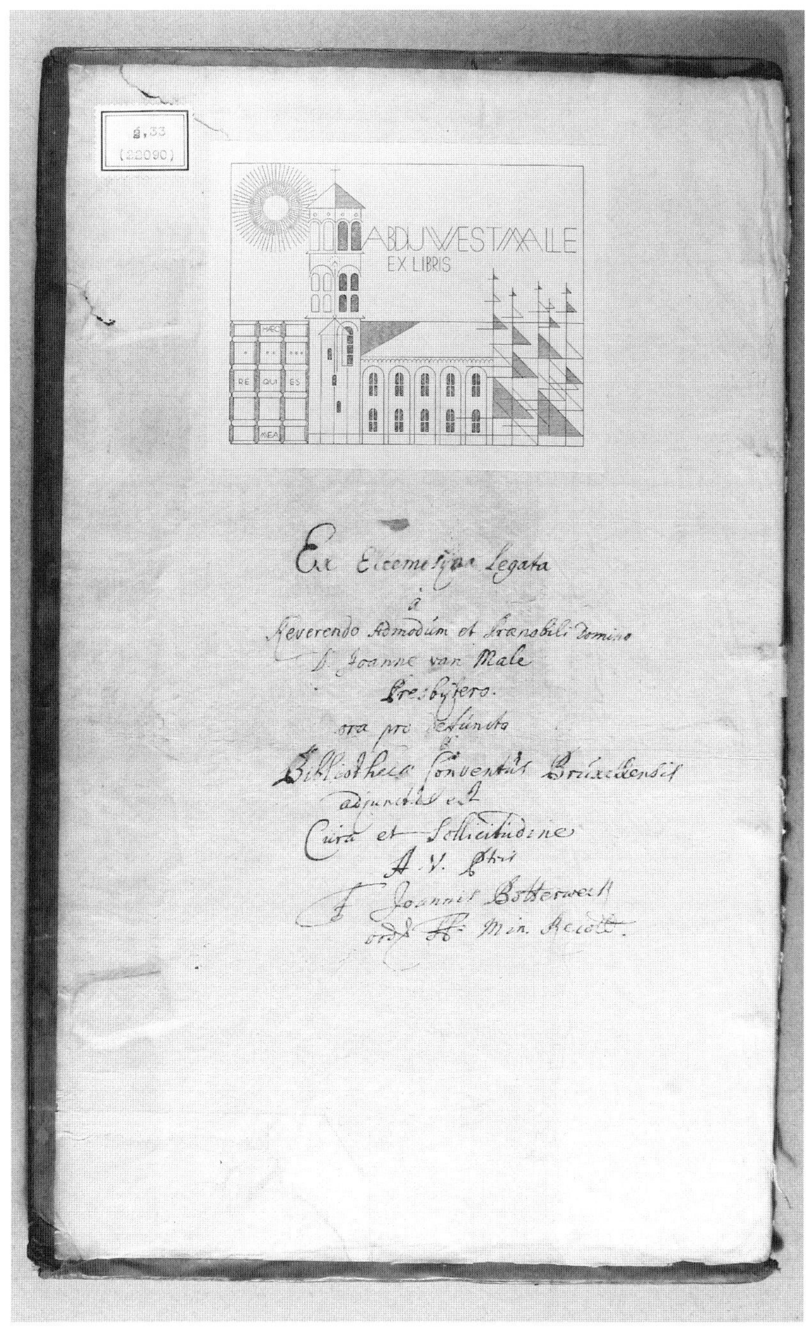

Afb. 7

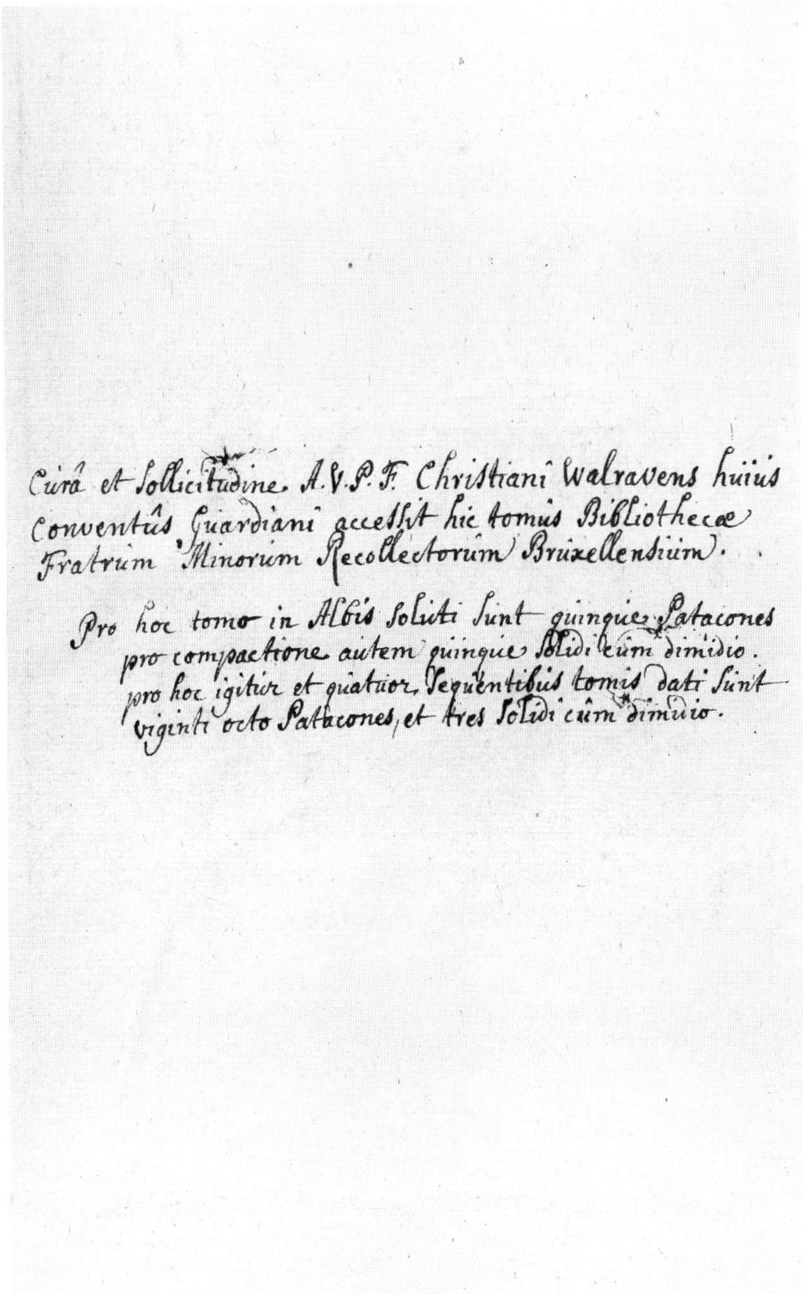

Curâ et Sollicitudine A.V.P.F. Christiani Walravens huius
Conventûs Guardiani accessit hic tomus Bibliothecæ
Fratrum Minorum Recollectorum Bruxellensium.

Pro hoc tomo in Albis soluti sunt quinque Patacones
pro compactione autem quinque solidi cum dimidio.
pro hoc igitur et quatuor sequentibus tomis dati sunt
viginti octo Patacones, et tres solidi cum dimidio.

Afb. 8

Afb. 9

Afb. 10

Afb. 11

Afb. 12

Afb. 13

Afb. 14

Afb. 15

Afb. 16

Afb. 17

Afb. 18

Afb. 19

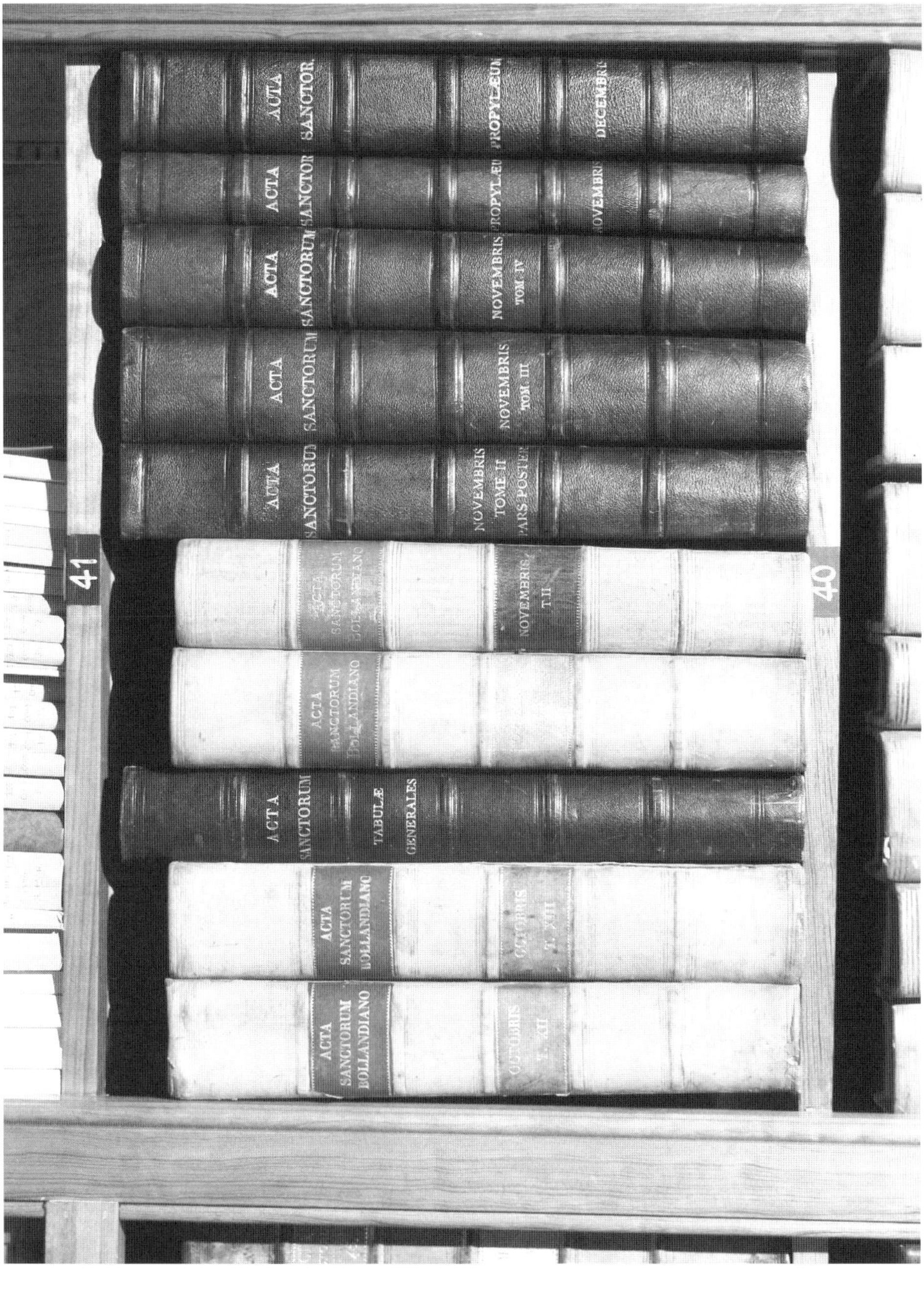
ACTA SANCTOR.
PROPYLÆUM
DECEMBRI
ACTA SANCTOR
PROPYLÆU
NOVEMBRI
ACTA SANCTORUM
NOVEMBRIS TOM IV
ACTA SANCTORUM
NOVEMBRIS TOM III
ACTA SANCTORUM
NOVEMBRIS TOME II PARS POSTER
ACTA SANCTORUM BOLLANDIANO
NOVEMBRIS T. II
ACTA SANCTORUM BOLLANDIANO
ACTA SANCTORUM
TABULÆ GENERALES
ACTA SANCTORUM BOLLANDIANO
OCTOBRIS T. XIII
ACTA SANCTORUM BOLLANDIANO
OCTOBRIS T. XII
41
40

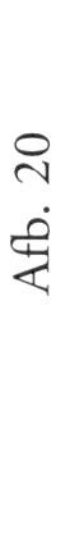

Afb. 20

IN NOMINE DOMINI. AMEN !

Frater MARIA JOANNES BOUSQUET, Abbas Monasterii B. M. de BONACUMBA, in diœcesi Ruthenensi, et Pater Immediatus Monasterii B. M. de CALVARIA, in diœcesi Monctonensis (Canada), universis præsentes litteras inspecturis, salutem!

Notum sit omnibus et singulis quorum interest quod, cum non possemus adesse in persona Electioni novi Prioris prædicti Monasterii, delegationem auctoritatemque nostram commissimus in hâc parte Reverendissimo Domno PACHOMIO GABOURY, Abbati B. M. de LACU qui vices nostras gerens, præfuit electioni.

Quæ cum ita sint, Prædicto Domino Abbate legitime præsidente, die undecimâ mensis septembris anni currentis 1946,

Reverendus Domnus Cherubinus Lenssen

antehâc Superior ad nutum prædicti Monasterii B. M. de Calvaria, canonice electus est in Priorem Titularem ejusdem Monasterii.

De mandato vero speciali Reverendissimi Domni Abbatis Generalis Ord. Cisterciensis S. O. Reverendus Domnus Præses Electionem eodem die confirmavit, necnon Novum Electum auctoritate nostra installavit Priorem Titularem B. M. de Calvaria.

Rogamus ergo et enixe obsecramus vos in Domino, ut pro ipsomet R. Domno Priore et pro sui Monasterii prosperitate, præces vestras precibus nostris adunare dignemini.

Datum ex Abbatia nostra B. M. de Bonacumba,
die vigesima nona mensis septembris 1946

Fr. Maria Joannes Bousquet
Abbas, Pater Immediatus

Afb. 21